창의적 글쓰기

대학생활에 필요한 글쓰기 연습

창의적 글쓰기

최현재 · 김교식 · 박선양 · 정훈

한국문화사

머리말

　　디지털 혁명에 기반을 둔 기술융합의 시대라는 4차 산업혁명이 화두에 오르내릴 정도로 인류의 발전은 멈출 줄 모른다. 고도로 발전한 물질문명 덕분에 우리의 삶은 더욱 윤택하고 편리해졌다. 인공지능, 자율주행, 사물인터넷, 빅 데이터 등 이전에 접하지 못한 생경한 용어들이 거침없이 사용되고 있으며, 최첨단 기술이 적용된 신문물들이 일상생활에 요긴하게 쓰일 품목으로 쏟아지고 있다. 더구나 정보 통신의 발달로 물리적 시공간의 제약뿐만 아니라 가상공간과의 경계도 허물어지는 시대를 맞이하게 되었다. 자고 일어나면 새로운 것들이 끊임없이 나타나 우리의 이목을 끌고 있으니 그야말로 신세계라 일컬어도 과언이 아니다.

　　활자 중심의 인쇄 매체가 주도하던 아날로그의 시대가 저물어 가고, 이 자리를 시청각 중심의 디지털 매체가 차지하여 바야흐로 멀티미디어의 시대를 맞이하게 되었다. 이제 일반인들조차 전문가 못지않게 현란한 영상과 각종 음향 효과를 자유자재로 사용하여 자신의 개성을 한껏 뽐내고 있다. 이러한 세상에 "글쓰기가 필요하다, 중요하다" 하며 목소리를 높이는데, 시대에 한참이나 뒤떨어진 구닥다리라고 비난받을 수도 있겠다.

　　하지만 생산자와 수용자가 고정되다시피 한 출판 매체와 달리 누구나 쉽사리 생산자가 될 수 있는 디지털 매체에서는 오히려 글쓰기가 더욱 주목받고 있다. 인쇄 매체의 종언과 함께 글쓰기 역시 뒷방으로 물러날 것이라 공언했던 이들을 무색하게 만든 것은, 바로 멀티미디어의 시대에 글쓰기가 말하기와 함께 개성 표현의 중요한 요소로 크게 작용하기 때문이다. 집단보다는 개인을, 공통점보다는 차이점을 더욱 중시하는 이 시대에 글쓰기가 개성 표현의 필수 불가결한 것으로 인식되면서 사람들의 관심과 주목을 한껏 받게 되었다는 것은 역설적이지만 흥미로운 사실이다.

그렇다면 '어떤 글이 사람들의 이목을 끌 수 있는가' 하는 문제와 마주칠 수밖에 없다. 좋은 글에 대한 정의는 사람마다 다를 수 있겠지만, 대체적으로 글쓴이의 의도를 정확하게 표현하면서도 개성을 돋보이게 하는 글을 첫손으로 꼽을 수 있을 것이다. 온갖 미사여구(美辭麗句)를 끌어다 붙이거나 독특한 척하느라 어법을 무시한 글이 좋은 글이 될 수 없다는 것은 자명한 이치이다. 그러므로 자신의 개성을 정확하면서도 창의적으로 표현하는 글이어야 비로소 사람들의 공감을 이끌어내고 주목을 받을 수 있다.

군더더기 없이 '창의적 글쓰기'를 이 책의 제목으로 삼은 것은 바로 이러한 이유 때문이다. 이 책에서 다루는 글감들 역시 오롯이 창의성을 기르는 데 주안점을 두고 선정하였다. 목차에서 보듯이 이 책은 '나와 가족', '인생 설계', '사유와 성찰', '문화와 인간', '공동체와 소통', '사회와 경제', '과학기술과 윤리', '환경과 미래' 등 전체 여덟 개의 영역에 걸쳐 다양한 내용의 글감들을 수록하였다. 자기 자신에서 출발하여 집단으로 확대하고, 인간에서 자연과 우주로 확산하며, 과거와 현재, 미래를 모두 아우르려는 의도에서 각 장들을 배치하였다. 그리고 이 책에 본격적으로 들어가기 전에 글쓰기에 대한 기본적인 이해를 환기하기 위해 '글쓰기의 절차와 방법'이라는 글을 배치하였다.

또한 각 장들은 서너 편의 글감들을 제시하고 각 글감들마다 다양한 매체를 통한 창의적인 활동을 할 수 있도록 하였다. 그리고 각 장의 마지막에는 그 장의 글감들과 학습활동을 총괄하여 마무리할 수 있는 활동을 두어 종합적이고 체계적인 글쓰기 연습을 할 수 있도록 꾸렸다. 이처럼 단순히 글감들을 읽는 데에 머무르지 않고 깊이 생각하고 이를 바탕으로 다양한 방식으로 활동을 하도록 한 것은 무엇보다도 창의적 사고를 기르는 데 역점을 둔 결과이다. 창의적 글쓰기를 함양하기 위한 방법으로는 많이 읽고, 많이 생각하고, 많이 쓰는 것 말고는 특별한 비법이라고 할 것이 없다. 따라서 꾸준히 글쓰기 연습을 해 나간다면, 누구도 흉내 낼 수 없는 자기만의 고유한 특성이 깃든 좋은 글을 쓸 수 있을 것이다.

'창의적 글쓰기'라는 책을 만들기 위해 정기적으로 모임을 가졌는데, 벌써 몇 달이 순식간에 지나 버렸다. 매주마다 정해진 시간에 빠짐없이 모여 이 책을 만드느라 수고를 아끼지 않은 김교식, 박선양, 정훈 선생님께 진심 어린 감사의 말씀을 전한다. 이 책을 제대로 꾸려서 세상에 온전히 내놓을 수 있을까 하는 처음의 걱정을 말끔히 떨칠 수 있었던 것도 이분들이 쏟아낸 정성과 노력 덕분이다. 또한 흔쾌히 이 책을 출판해 주신 출판사에도 이 자리를 통해 감사의 깊은 정을 표한다. 부디 이 책이 글쓰기를 숙달하고 창의성을 기르고자 하는 이들에게 조금이나마 도움이 되기를 바라면서 집필진을 대표하여 머리말을 쓴다.

2022년 8월 여름날
최현재

차례

여는 글 글쓰기의 절차와 방법 11

제1장 나와 가족 23

제2장 인생 설계 53

제3장 사유와 성찰 79

제4장 **문화와 인간** 115

제5장 **공동체와 소통** 157

제6장 **사회와 경제** 183

제7장 **과학기술과 윤리** 219

제8장 **환경과 미래** 253

여는 글

글쓰기의 절차와 방법

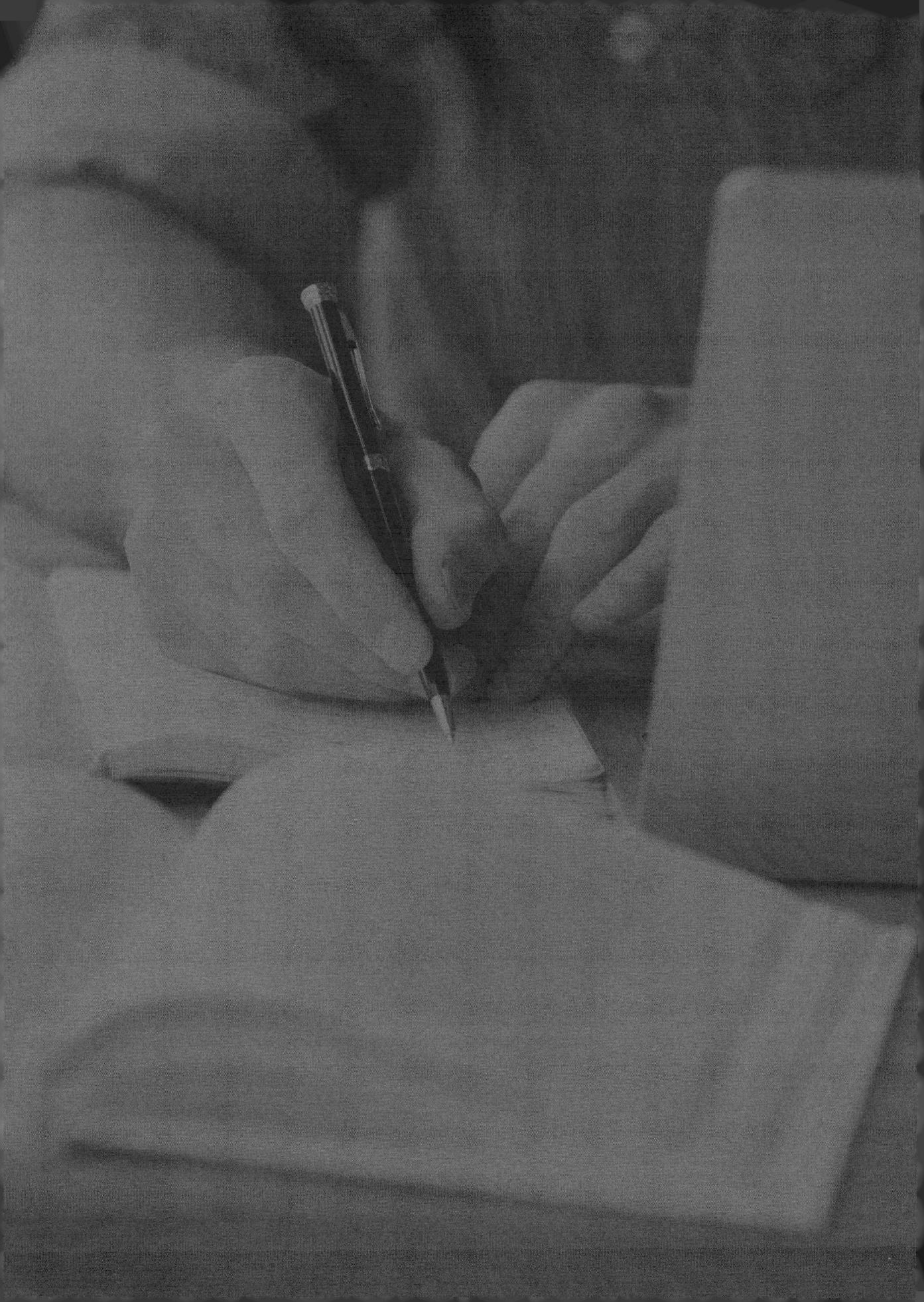

여는 글 글쓰기의 절차와 방법

1. 말과 글의 중요성

　동서양을 막론하고 말과 글을 소재로 한 속담이나 격언, 잠언 등은 어렵지 않게 찾아볼 수 있다. 그중에서도 특히 말과 글의 가치나 중요성을 강조하고 있는 것들은 우리 일상생활에서 흔하게 쓰인다. "말만 잘하면 천 냥 빚도 가린다."라는 우리 속담이나 "펜은 칼보다 강하다."라는 서양 잠언은 말과 글의 사용에 대한 교훈이나 경계를 환기하는 대표적인 예라고 할 수 있다.
　이처럼 말과 글의 필요성이나 쓸모를 폄하하거나 부정하는 경우는 거의 찾아보기 힘들다. 말과 글은 인간만이 이를 부단히 확장하고 발전시켜 왔다는 점에서 동물들과 크게 변별되는 인간의 고유한 특성으로 주목받아 왔다. 우선 말과 글은 인간의 자기표현이라는 개인적 측면에서 매우 유용하다. 말과 글을 '생각, 느낌 따위를 나타내거나 전달하는 데에 쓰는 음성, 문자 따위의 수단'이라고 일반적으로 정의하는 데서 보듯이, 사람들은 자신의 생각이나 느낌, 감정 따위를 표현할 때 말과 글을 아주 유용하게 사용한다. 이를테면 방학 중에 해야 할 일들을 정리하거나 재미있는 영화를 보고서 느낀 감동을 표현할 때 우리는 말과 글을 쓸모 있게 활용한다.
　그런데 말과 글은 이러한 개인적 표현에 국한하지 않고, 사람들끼리 의사소통을 원활하게 하여 교류와 협력을 증진시키는 사회적 측면에서도 큰 의미를 가진다. 자신의 생각과 느낌 등을 다른 사람들과 주고받음으로써 서로 관계를 맺고 더불어 살아가는 데 밑거름 역할을 하는 것이 바로 말과 글이다.
　특히 시간과 공간의 제약을 크게 받는 말과 달리, 글은 기록성이라는 특성으로 인해 지역과 시대를 넘나들며 여러 사람들과 교류할 수 있다. 이러한 점 때문에 글은 인류 문화의 발전에 절대적으로 기여하였다는 의미를 부여받고 있다. 문자를 발명하면서 인간은 자신의 경험과 지식을 온전히 기록할 수 있게 되었고,

이러한 기록들이 축적되고 후대에 전달되는 과정이 반복되면서 인류의 문화는 발전하였다. 인류는 글을 통해 문화의 발전을 이루고 인간의 삶은 더욱 풍요롭게 되었다.

흔히 현대 사회를 자동화, 정보화, 세계화의 시대라고 한다. 최근 급격하게 발달한 과학 기술 덕분에 인류는 이전 시대와 확연하게 구별되는 세상을 살고 있다. 컴퓨터, 인터넷, 무선 통신 기술 등의 놀라운 발전으로 인해 이른바 4차 산업 혁명이라고도 불리는 디지털 혁명의 시대를 맞이하게 된 것이다.

그런데 인쇄 매체 중심의 아날로그 시대가 종언을 고하고 영상과 디지털 매체 중심의 멀티미디어 시대가 펼쳐지는 상황에서, 역설적이게도 글쓰기의 필요성이 더욱 높아지고 있다. 활자로 이루어지는 출판 매체에 거의 의존하던 시대와 달리, 인터넷의 다양한 경로와 매체를 통해 사람들은 이제 자신의 개성을 손쉽고도 빠르게 표출할 수 있게 되었기 때문이다. 현란한 영상이나 각종 음향 효과에 더해서 글쓰기가 말하기와 함께 빼놓을 수 없는 개성 표현의 요소로 작용하게 된 것이다. 멀티미디어 시대에 글쓰기의 비중이 오히려 늘어나는 현상을 접하면서 사람들은 말하기와 함께 글쓰기에 대한 관심이 늘어나게 되었다.

2. 좋은 글쓰기의 방법

좋은 글이란 무엇인가 하는 질문에 답하기 위해 먼저 글은 자신의 개성을 온전히 드러내는 수단이라는 점을 염두에 두어야 할 것이다. 기본적으로 어법에 맞는 글이어야 자신의 의도를 정확하게 표현할 수 있을 것인데, 이에 더하여 자신의 개성을 돋보이게 드러낼 수 있는 방법도 생각해 보아야 한다. 그렇다고 해서 온갖 미사여구를 동원하여 현란하게 장식한 글이 좋은 글이라 할 수는 없다. 무엇보다도 자신의 개성을 정확하면서도 창의적으로 드러내는 글쓰기를 한다면,

다른 사람들의 주목을 끌 수 있고 공감을 이끌어 낼 수 있는 좋은 글이 될 수 있다.

시중에는 글을 잘 쓰기 위한 뾰족한 비법이 있는 것처럼 요란하게 떠드는 매체나 저서들을 간혹 볼 수 있다. 그러나 실제로 좋은 글쓰기를 위한 특별한 기술을 알려주는 경우는 없다고 해도 과언이 아니다. 다만 좋은 글쓰기를 위한 몇 가지 기본적인 방법들은 제시할 수 있다.

먼저, 무엇인가를 쓰려고 하는 의욕이나 동기가 없이 좋은 글쓰기를 한다는 것은 요원한 일이 될 것이다. 자신의 생각과 느낌 등을 스스로 표현하려고 하든, 아니면 필요에 의해서 글쓰기를 해야 하든 우선적으로 글을 쓰려고 하는 의욕이나 글을 쓰게끔 하는 동기가 갖춰져야 한다. 이것은 곧 자신의 개성을 표출하려고 하는 마음과 상통한다. 좋은 글쓰기는 다름 아닌 자신의 표현이기 때문이다.

다음으로, 좋은 글을 쓰기 위해서는 좋은 글을 꾸준히 찾아 읽는 것이 최선의 방법이다. 구체적으로는 자신이 관심을 두는 사항이나 필요로 하는 것을 스스로 정확히 파악한 후, 이와 관련된 좋은 글들을 두루 찾아 읽어야 한다. 단순히 내용을 파악하느라 훑어가듯이 읽는 것이 아니라 행간의 의미와 전후 문맥을 고려하며 분석적으로 꼼꼼히 살펴보는 것이 필요하다. 이처럼 좋은 글들을 선별해서 많이 읽어야 하는 이유로는 글을 쓸 수 있는 방법을 익힐 수 있기 때문이다. 또한 풍부하고 깊이 있는 독서를 통해 축적한 견문이 글을 쓸 때 적절한 소재로 활용될 수 있다. 자신의 직접적인 체험이 지닌 제약을 보완해 주는 가장 손쉬운 방법으로 좋은 글 읽기를 통한 간접적 경험의 축적만한 것이 없다.

그리고 글쓰기를 많이 해 보아야 문장력을 익히고 좋은 글쓰기의 방법도 체득할 수 있다. 독서를 통한 견문의 확대를 바탕으로 글쓰기를 하다 보면, 생각과 느낌 등을 개성 있고 창의적으로 표현하는 자신만의 방식을 고안할 수 있다. 아무리 좋은 생각과 글감을 가지고 있다 하더라도 글쓰기가 서툴다면 그것을 제대로 표현할 수가 없다. 이러한 과정을 통해 자신만의 개성적인 특성이 온전히 담긴 문체를 습득할 수 있고, 자신의 개성을 창의적으로 펼쳐 나갈 수 있다.

이에 덧붙여 좋은 글을 쓰기 위해서는 평소에도 깊이 생각하는 태도를 길러야 한다. 분별력을 가지고 주변을 날카롭게 관찰하며 사고하는 태도는 풍부하고 다양한 글감을 얻는 데 크게 도움이 된다. 또한 깊은 사고는 자신의 독자적인 견해나 개성 있는 생각을 표현하는 데에도 필수적으로 중요하다. 역사적으로 명문으로 평가받는 글들은 모두가 깊은 사고를 거듭한 결과로 얻은 성과들이라 할 수 있다.

결국 좋은 글을 쓰기 위해서는 많이 읽고, 많이 쓰고, 많이 생각하는 수밖에 없다. 흔히 구양수(歐陽脩)의 삼다(三多)라 일컫는 '다독(多讀), 다작(多作), 다상량(多商量)'이 좋은 글쓰기를 위한 비법 아닌 비법이라 할 수 있다.

3. 글쓰기의 절차

일반적으로 글쓰기는 계획하기, 집필하기, 수정하기의 세 단계를 거치며 진행된다. '계획하기'는 주제를 설정하고 자료를 수집하여 개요를 작성하는 시작 단계이다. 다음으로 '집필하기'는 주제와 개요에 따라 실제로 글을 작성하는 단계이며, 마지막으로 '수정하기'는 작성한 글을 읽어 보면서 다듬고 보완하는 마무리 단계이다. 이 단계들은 이론적으로 순행의 흐름을 띠는 구분일 뿐이지 엄격하게 구획된 것은 아니어서 필요에 따라 이전 단계로 되돌아가기도 한다.

① 계획하기 단계

계획하기 단계에서는 우선 글을 쓰는 이유나 동기가 무엇이며, 누구를 대상으로 글을 쓸 것인지, 글쓴이의 관점이나 시각은 무엇이며 또한 글의 성격은 어떻게 할 것인지 등에 대해 대략적으로라도 생각해 보아야 한다. 예를 들면 지역 신문에 자발적으로 투고하기 위한 것인지, 아니면 학교 수업의 과제를 수행하기 위해 강제된 것인지에 따라 글의 성격이나 내용이 아주 달라질 수 있다. 또한 예상 독자의 신분이나 연령대, 거주지역 등에 따라서도 각기 선호하거나 흥미로워하는 내용이 다를 수 있으므로, 글쓴이는 이를 충분히 고려하여 글쓰기의 상황에 대해 점검해야 한다. 글을 쓰려는 이유나 동기, 예상되는 독자, 글쓴이의 관점이나 시각, 글의 성격 등 글쓰기의 상황에 대한 점검은 주제 선정과 직결되는 것이므로 간과할 수 없다.

다음으로는 주제를 선정해야 한다. 주제는 글의 중심이 되는 내용, 또는 글쓴이가 나타내고자 하는 핵심적인 생각이라 할 수 있다. 글의 중심이 되는 재료를 소재 또는 제재라고 하여 주제와는 이론상으로 구분되지만, 실제로는 소재나 제재를 바탕으로 글쓴이가 의미나 가치 평가를 부여한 것이 주제라는 점에서 그 경계가 불분명하기도 하다. 그렇지만 소재나 제재가 주제와 밀접하게 관련된 것은 사실이며, 더 나아가 주제는 글의 제목인 표제와도 밀접한 관련을 맺고 있으므로 구체적인 내용을 담아 명료하게 할 필요가 있다.

통상 막연하고 포괄적인 가주제(假主題)가 주어진 상황에서 글쓰기를 할 때가 대부분인데, 스스로 주제를 선정하는 경우에도 한정적이고 구체적인 참주제로 범위를 좁혀 명확하게 해 나가야 한다. 가주제에서 참주제로 한정하여 구체화하는 것은 글쓴이의 사고가 더욱 뚜렷해지는 과정을 의미한다. 이때 필요한 것이 글쓴이가 그러한 참주제를 가지고 글을 쓰려는 문제의식이다. 좋은 주제는 참신하고 날카로운 문제의식에서 출발하며, 이는 곧 글쓴이의 생각이 분명하게 드러나는 좋은 글의 중요한 요소이기 때문이다.

참주제를 하나의 문장으로 작성한 것을 주제문이라 하는데, 글쓴이의 명확한 주장이 담긴 주제문을 작성하면, 이후 집필하기 단계에서 다룰 내용과 방향이 분명해진다. 주제문을 작성할 때는 구체적이고 정확하며 명료한 의미를 하나의 완전한 평서문에 담아내는 것이 바람직하다. 이런 점에서 의문형 문장이나 비유적 표현의 사용, 일관성이 없거나 모순된 내용 등은 주제문 작성에서 피해야 할 것들이다. 또한 글쓴이가 충분히 감당할 수 있는지, 예상 독자의 관심이나 흥미를 충분히 끌어낼 수 있는지, 시대 상황이나 시의에 적절한지 등도 충분히 고려해야 할 사항이다.

이처럼 글쓴이가 참주제와 주제문을 정하고 나면, 다음으로는 제목을 정해야 한다. 지엽적인 내용을 담은 제목이나 주제를 가늠하기 곤란한 제목 등은 독자의 관심을 끌지 못하므로, 글의 내용과 밀접하게 제목을 선택해야 한다. 다른 유사한 제목들과 변별되면서도 글의 핵심 내용을 반영하는 제목을 정해야만 수많은 글들 중에 독자들의 이목이 집중하는 글이 될 것이다. 물론 제목은 글쓰기가 최종적으로 완료될 때까지도 수정을 거듭할 수 있지만, 계획하기 단계에서 특히 신경을 쓸 필요가 있다.

참주제와 주제문, 제목 등이 어느 정도 정해지면, 그것과 관련된 자료를 수집하고 선택하여 정리하는 것이 그 다음 차례이다. 오로지 글쓴이의 머릿속에 쌓여 있는 지식과 경험만으로 글을 쓰는 경우는 드물다. 인간의 직접적인 경험은 시공간적으로 제한적이어서 개인이 축적한 지식은 한계가 분명하므로, 평소 폭넓은 독서를 통해 얻은 간접 경험으로 이러한 한계를 어느 정도 극복할 수는 있다. 그렇다 하더라도 주제를 효과적으로 나타내기 위해서는 설문조사, 문헌자료, 신문기사, 시청각자료, 인터넷 정보 등 관련 자료들을 충분히 수집하는 것이 좋다.

따라서 좋은 글을 쓰기 위해서는 주제와 관련된 자료들을 다양하고도 충분하게 확보하는 것이 관건이다. 문헌을 통해 주제와 관련된 적절한 사례나 논리적인 근거를 찾고, 연구 논문이나 저서를 통해 실험 결과나 전문가의 견해를 수집하며, 때로는 글쓴이가 직접 현지조사를 통해 데이터를 확보하거나 관련 인물을 실제로 면담하기도 하는 등 시간과 노력을 많이 기울여야 한다. 출처가 분명한 자료, 내용이 풍부한 자료, 독자의 관심과 흥미를 불러일으킬 자료, 참신하고 독창적인 자료 등이 좋은 글쓰기를 위해 필수적으로 확보해야 할 것들이다.

   글의 설득력을 제고하여 독자의 공감을 얻기 위해서 될 수 있는 한 새롭고 다양한 자료를 수집해야 할 뿐만 아니라, 이 자료들을 글쓴이의 관점과 시각에 따라 취사선택하고 분석하여 정리해 두어야 한다. 이때 자료의 성격이나 내용이 유사한 것끼리 묶기도 하고, 주제와의 관련성 또는 중요성에 따라 분류하기도 하면서 필요한 자료와 불필요한 자료를 구별해야 한다. 또한 중요한 핵심 자료와 부수적인 자료, 주장을 뒷받침하는 자료와 부정하는 자료, 사실과 관련된 자료와 의견을 담고 있는 자료 등을 분명하게 구분하는 식으로 자료들을 종합적이고 체계적으로 정리하는 것이 실제 글을 집필할 때 간편하고 유용하게 작용한다. 다양한 경로를 통해 자료들을 수집하는 과정에서 글쓴이의 관점과 시각은 더욱 명확하게 정립될 수 있으며, 이와 더불어 자료들을 취사선택하는 안목 역시 높아질 수 있다.

   자료의 수집과 정리가 이루어진 후에는 집필을 위한 구상과 개요 작성으로 넘어간다. 구상(構想)이란 글의 내용, 표현, 형식 등을 전체적인 측면에서 생각하는 것을 말한다. 수집·정리한 자료의 종류, 글의 내용이나 성격, 글쓴이의 관점이나 시각 등을 종합적으로 판단하여 어떤 구상을 선택하여 글을 쓸 것인지를 결정한다. 설득하는 글쓰기는 일반적으로 '서론-본론-결론'의 3단 구상이나 '기-승-전-결'의 4단 구상을 선택하는데, 때로는 더 세부적으로 나눈 5단 구상, 6단 구상의 전개 방식을 따르기도 한다. 체험기, 답사보고서, 기행문 등의 서사문은 시간적 순서에 따라 글을 전개하는 방식을 따르며, 인물·건축물·자연 풍경 등을 묘사하거나 단체의 기구·조직 등을 설명하는 경우에는 공간적 순서에 따른 전개 방식을 택한다. 그밖에 열거식, 점층식, 인과식 등의 전개 방식도 필요에 따라 선택하여 글쓰기를 할 수 있다.

   글쓰기의 구상이 어느 정도 마무리되면 이와 직접적으로 연결되는 개요 작성에 착수한다. 일반적으로 구상을 하면서 개요를 작성하기 때문에 구상과 개요는 다른 것이 아니다. 개요는 글에 대한 구상을 바탕으로 작성한 글의 설계도에 해당하는 것으로, 글 전체의 윤곽과 틀을 마련하고 이에 따른 세부적인 항목들을 형식화한 것이다. 개요는 글의 전체적인 얼개와 흐름을 한눈에 볼 수 있도록 조직화한 것이므로, 최종적으로 글의 목차로 제시되어 독자들이 글을 읽는 데 편의를 제공한다.

개요는 항목의 배치 방식이나 표현 형식에 따라 열거식 개요, 화제 개요, 문장 개요 등으로 나뉜다. 화제 개요는 상위와 하위의 위계에 따른 항목들을 단어나 구로 표현한 것이고, 문장 개요는 그런 항목들을 문장으로 표현한 것이다. 이와 달리 열거식 개요는 항목들을 위계를 갖추지 않고 대등하게 배열한 것을 말하는데, 간단한 내용을 담은 짧은 글이나 간편하게 정보를 전달하려는 글을 쓰기에 적합하다.

일반적으로는 화제 개요나 문장 개요를 많이 사용하는데, 몇 가지 주의해야 할 작성 방법이 있다. 우선 개요는 글의 제목과 주제문을 필요로 하며, 각 항목들에는 번호를 부여하여 일목요연한 체계를 드러내도록 한다. 다음으로 상위 항목과 하위 항목의 번호 체계를 달리하여 위계를 갖추도록 하되, 상위 항목은 하위 항목의 내용을 포괄할 수 있는 것으로 내용을 꾸며야 한다. 이때 '서론', '본론', '결론'이라는 단어보다는 좀 더 구체적인 것으로 항목의 내용을 채우는 것이 개요 작성의 취지에 부합하는 일이 될 것이다.

② 집필하기 단계

개요를 작성한 다음에는 이를 바탕으로 초고(草稿)를 작성하는 집필하기 단계에 접어든다. 글의 목적과 배경, 글쓴이의 동기와 관점, 예상 독자 등을 생각하며 시간을 충분히 할애하여 초고를 작성해야 한다. 본격적으로 글을 쓰는 과정에서 개요를 불가피하게 수정하는 경우가 종종 발생한다. 글을 쓰면서 미처 파악하지 못한 점이나 잘못된 것을 발견할 수 있고, 덧붙이거나 삭제해야 하는 항목들도 생기고 심지어 항목들의 배열을 다시 해야 할 경우도 있기 때문이다.

글쓰기를 어려워하는 경우는 대부분 필요한 계획하기 단계를 건너뛰거나 축소해서 발생한다. 또한 평소 독서를 게을리하여 문장에 대한 기본적 이해가 부족하거나 어휘 습득을 소홀히 한 경우도 글쓴이의 생각을 정확하게 표현하기가 쉽지 않다. 어휘력과 표현력을 충분히 갖춘 상태에서 글을 쓸 때도, 단락들의 구성과 연결에 신경을 써야 한다. 단락은 한 편의 글을 이루는 중요한 단위로서 독자성을 지니고 있다. 그래서 단락을 쓸 때 그 첫머리의 들여쓰기를 통해 형식적 표지를 나타낸다. 주제와 주제문을 가진 한 편의 글과 마찬가지로, 단락 역시 소주제(小主題)와 소주제문(小主題文)을 가진다. 단락은 하나의 소주제문과 이를 뒷받침하는 여러 개의 문장들로 구성하는 것이 일반적이다.

이처럼 독자성을 지닌 단락에는 통일성, 긴밀성, 완결성의 원리가 있다. 한 편의 글이 하나의 주제에 집중되듯이, 단락을 이루는 문장들 역시 하나의 소주제로 통일되어야 한다는 것이 통일성의 원리이다. 또한 문장과 문장 사이의 연결이 긴밀하게 연결되어야 한다는 긴밀성의 원리와 함께, 하나의 단락은 형식적, 내용적 요소들이 잘 짜여 있어야 한다는 완결성의 원리도 갖춰야 한다.

단락쓰기에 대한 충분한 이해를 바탕으로 서두, 본문, 결말로 크게 나누어 한 편의 글을 완성하도록 한다. 글의 서두는 독자의 관심을 유도하고 흥미를 유발하게끔 작성하는 것이 바람직하다. 주제와 관련하여 글쓴이의 관점이나 문제의식을 분명히 드러내어 본문에서 구체적으로 전개될 내용을 미리 환기하는 것도 필요하다. 본문에서는 글 전체의 통일성과 긴밀성을 염두에 두고 주제를 구체화하는 것이 핵심이다. 설득력 있는 근거나 시의적절한 사례 등을 제시하면서 글쓴이의 생각을 조리 있게 표현한다면, 독자의 공감을 충분히 얻을 수 있다. 결말에서는 본문의 핵심 내용을 요약하며 주제를 강조하거나, 쟁점이 되는 사안에 대한 해결책을 제시하고 기대나 당부를 덧붙이는 방식이 일반적이다. 특히 서두에서 드러낸 글쓴이의 문제의식이나 관점이 흐트러지지 않도록 유의하면서 결말을 작성한다.

③ 수정하기 단계

집필하기 단계에서 작성한 초고는 최종적으로 수정하기 단계에서 퇴고(推敲)의 과정을 거쳐야 비로소 완성된다. 퇴고에는 불필요한 어휘, 문장, 단락 등을 지우는 '삭제', 불충분하거나 빠진 내용을 보완하는 '첨가', 전체적인 맥락을 고려하여 문장이나 단락 등을 자연스럽게 배치하는 '재구성' 등 세 가지 방법이 있다. 이러한 방법을 통해 초고는 간결하고 명료해질 뿐만 아니라 논리가 탄탄해지고 내용도 충실해져 글의 완성도가 높아진다. 오탈자나 고치고 맞춤법 정도 점검하는 수준에 그치는 것이 아니라 주제가 제대로 구현되고 있는지, 내용상 논리가 정연하고 설득력이 있는지, 전체적인 흐름이 자연스럽고 체계적인지 등을 꼼꼼히 검토해야 한다. 그렇게 해야만 비로소 짜임새 있고 정확한 내용을 담은 좋은 글이 될 수 있다.

제1장

나와 가족

제1장 나와 가족

 '나는 누구인가?'라는 질문은 인간의 삶에서 필연적으로 대두되는 근원적인 물음이다. 그것은 자아의 정체성을 구현하는 과정이자 존재의 근원을 모색하는 자기 확립의 궁극적인 목표이기도 하다. 그러므로 '나'라는 존재에 대한 물음은 자신이 살고 있는 세계와 불가분의 관계에 있으며 그 안에서의 관계 맺음은 나를 구현하는 지름길이라고 말할 수 있다. '나는 누구인가?'라는 질문에 답하는 과정에서 존재의 근원에 다가설 수 있을 뿐만 아니라 앞으로의 삶을 구체적으로 계획하고 능동적으로 실현할 수 있는 토대를 마련할 수 있을 것이다. 왜냐하면 나의 존재는 이미 세계의 중심에 자리하고 있기 때문이다.

 나의 존재가 세계와 관계를 맺고 올바른 삶을 영위하기 위해서는 가족이라는 디딤돌이 반드시 필요하다. 가족은 나의 근원이자 자아를 형성하는 구심점이기도 하다. 가족의 진정한 의미와 가치를 고민하는 과정에서 자아의 정체성을 모색할 수 있고, 삶의 궁극적인 방향성을 제시할 수도 있다. 가족은 내가 세계로 나아가는 중심에 자리하고 있기 때문에 이에 대한 진지한 고민과 성찰은 인생을 설계하는 데 중요한 역할을 한다. 그런 의미에서 가족은 나와 세계의 관계 맺음에서 행복한 삶을 추구할 수 있는 전제 조건이 아닐 수 없다.

 이 장은 나와 가족이 함의하고 있는 의미와 가치에 대해 생각해 보도록 구성하였다. 「얼굴, 그 안과 밖에 대한 명상」에서는 '얼굴박물관'에 전시된 다양한 얼굴들에 나타나고 있는 수많은 표정과 내면 풍경에서 인간의 얼굴이 하나의 완벽한 자연에 도달하고 있다는 사실을 확인할 수 있다. 「가족호칭어」에서는 과거보다 가족 단위의 구성원이 줄어들면서 가족호칭어에도 많은 변화가 일어나고 있음을 진단하고, 오늘날의 관점에서 바람직한 가족호칭어를 모색하도록 하였다. 그것은 가족 내의 질서가 가족호칭어에 의해 유지되며, 가족을 지탱하는 힘이 되기 때문이다. 「우리 가족」, 「못 위의 잠」, 「어머니의 맷돌」, 「부부(夫婦)」 등의 가족 관련 시들을 통해서는 바람직한 가족의 모습을 바탕으로 가족의 진정한 의미와 역할이 무엇인지를 고찰할 수 있도록 하였다. 이 장에서는 나의 정체성과 가족의 현재적 의미를 모색할 수 있을 뿐만 아니라 나와 가족이 세계의 중심을 이루는 구심점임을 확인할 수 있을 것이다.

얼굴,
그 안과 밖에 대한 명상

김훈

얼굴은 저 자신의 내면을 드러내지만, 그 드러냄으로써
타인과 교신하고 타인을 영접하고 타인과 소통한다.

경기도 광주시 남종면 분원리는 남한강이 팔당호를 향해 둥글게 굽이치는 마을이다. 산은 낮고 들은 넓고, 멀지도 가깝지도 않은 물이 마을을 내외하듯이 돌아나간다. 산이 비켜나가는 자리가 들이고 들이 끝나는 자리가 산이고 산과 들이 함께 낮아지는 곳이 물이다.

조선백자 도요지들이 곳곳에 흩어져 있는 이 마을에 2004년 5월 '얼굴박물관'이 문을 열었다. 얼굴박물관은 원로 연극인 김정옥 씨가 지난 40여 년 간 수집한 인간의 표정들을 보여준다. 석인(石人)과 목각, 가면, 유리인형, 와당 초상화 천여 점이 야외 공간이나 실내에 전시되어 있다. 사람의 얼굴뿐만 아니라 원숭이, 호랑이, 말도 있다.

이 박물관에서는 수많은 얼굴 표정들과 만날 수 있다. 그 얼굴 표정들은 자신의 안쪽을 들여다보기도 하고 또는 바깥을 내다보고 있기도 한데 모두 말을 걸어올 듯이 살아 있다. 표정들은 모두 저마다의 내면을 드러내고 있지만, 그 많은 표정들은 결국 인간의 얼굴이라는 동일한 마당으로 모여든다.

얼굴이야말로 살아 있는 인간의 몸과 살아서 작동되는 마음이 만나서 빚어지는 또 하나의 완벽한 자연이라는 것을 이 박물관에서 알 수 있다. 자전거를 타고 팔당호수 둘레를 달리다가 나는 이 박물관에서 멈추고 한나절을 보냈다. 얼굴은 그 표정으로써 나에게 말을 걸어왔는데, 나는 말로써가 아니라 표정으로써만 그 표정들에 응답할 수 있었다. 나는 그 얼굴들의 표정과 나의 표정 사이를 말로써 건너가고 싶었다. 그래서 나는 이 박물관에서 아무런 말도 확보하지 못한 채 바쁘기만 바빴다. 표정들은 전할 수 없는, 그러나 분명히 들려오는 목소리로 말을 걸어왔다.

그 얼굴들은 모두 이 세계가 인간의 얼굴을 닮기를 기원하는 얼굴들이었다. 인간 쪽으로 돌아서지 않은 이 세계를 향해서 이쪽으로 돌아오라고 미소 지으며 유혹하는 얼굴이었다. 그리고 그 얼굴들은 그리움이나 결핍의 간절함을 드러낼 때도 그 그리움으로써 자족한 풍경을 빚어내고 있었다. 얼굴은 인간의 빛인데, 이 빛은 세계의 어둠을 비추는 빛이다.

제주도 무당들의 노래들은 천지창조의 내력을 기나긴 사설로 읊어댄다. 그 노래 속에서 인간의 얼굴은 세계의 빛의 기원이다.

> 태초에는 해도 달도 없어서 세상은 캄캄했다. 인간들은 캄캄해서 천지를 분간할 수 없었다. 남방국 일월궁에서 청의동자가 태어났다. 청의동자는 앞이마에 눈이 두 개, 뒤 이마에 또 눈이 두 개 달려 있었다. 옥황상제의 수문장이 지상으로 내려와 청의동자의 눈을 취하여 축수하니 청의동자의 눈이 하늘로 올라가 해가 되고 달이 되었다. 세상은 비로소 밝아졌다.

이 서사무가는, 세계의 빛의 기원은 인간의 눈동자라고 말한다. 인간의 눈빛이 세계의 빛이 되었다. 눈은 빛이 있어야 세계를 보는데 이 세계에 빛을 보내주는 것도 또한 인간의 눈빛이다. 그래서 눈은 보는 동시에 '본다'라는 생명현상의 바탕을 스스로 만들어낸다. 눈은 세상을 들여다볼 수 있는 빛의 조건들을 스스로 만들어가면서 세상을 본다. 그래서 인간이 세상을 '본다'는 행위는 눈과 눈이 서로 마주보는 행위라고, 제주도의 서사무가는 노래한다. 제주무가 속에서 인간은 이 세계가 인간의 얼굴 표정을 닮기를 기원하고 있고, 인간의 빛이 세계를 밝히고, 세계를 밝히는 인간의 빛 속에서 인간이 세계를 볼 수 있게 되는 것이라고 노래한다. 아침에 뜨는 해와 저녁에 뜨는 달이 모두 인간의 눈빛이며 그 눈빛이 세상의 어둠을 걷어내는 힘이다!

"빛이 있으라" 하니 빛이 생겼다는 성경의 창세기보다도 제주무가는 훨씬 덜 종교적이지만 훨씬 더 인간의 쪽에 가깝다. 이 세계는 인간의 눈빛이 밝혀주는 세계라는 그 노래는 인간의 얼굴이 세계를 향하여 드러내 보이는 모든 표정의 의미를 함축한다.

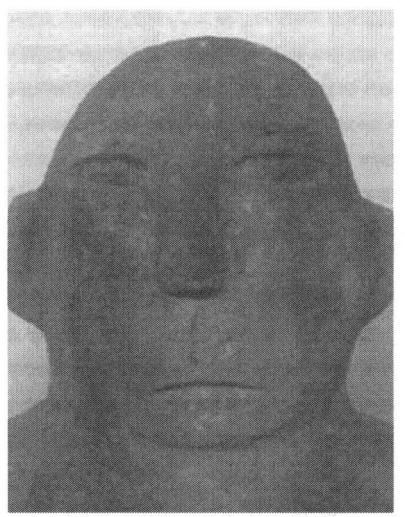

제주 서사무가에 따르면 얼굴은 세계의 빛이다.
이 세계는 보는 만큼의 세계이므로
보는 이의 눈빛과 얼굴의 표정으로 함축될 수도 있다.
사람의 얼굴이 여럿이면서 하나이듯 세계는 여럿이면서 하나이다.

얼굴박물관에 전시된 얼굴들은 드러난 표정인 동시에 내면의 풍경이다. 드러남과 감추어짐이 일치할 때 얼굴은 하나의 자연에 도달한다. 이 자연은 겉과 속, 나와 내 밖의 세계를 연결시킴으로써 운명의 힘을 느끼게 한다. 명리학이 인간의 얼굴에서 전생의 흔적과 운명의 암시를 감지할 수 있는 까닭도 이 얼굴의 자연성에 있을 것이다. 얼굴의 자연성은 필연인 동시에, 그 필연과 더불어 조화로운 자유를 느끼게 한다. 어떤 얼굴은 자신의 안을 들여다보고 있는데, 안을 들여다보는 그 얼굴은 보는 사람의 시선을 얼굴의 안쪽으로 끌고 들어간다. 그때 보이는 것은 얼굴의 표정이 매개해주는 얼굴의 내면이다. 또 어떤 얼굴은 바깥쪽 세상을 내다보고 있는데, 그 얼굴의 시선은 바라보는 자의 안쪽으로 넘어 들어와서, 바라보는 자는 자신의 안쪽을 들여다보게 된다. 그때 보이는 것은 그 얼굴의 표정이 열어젖혀주는 자신의 내면이다. 그래서 얼굴들의 표정을 들여다보면서 나는 나의 표정으로 거기에 응답한다. 얼굴은 저 자신의 내면을 드러내지만, 그 드러냄으로써 타인과 교신하고 타인을 영접하고 타인과 소통한다. 얼굴은 언어인데 이 언어는 말과 관련이 있는 것이 아니라 몸과 마음으로 살아가는 생애의 표현물이다. 그러므로 표정에 관하여 말하려는 말은 말에 미달할 것이다.

유소(劉劭)는 중국의 전국 시대에 조조(曹操)의 막하였다. 그는 지휘형이라기보다는 관리형 참모였다. 그의 저서 『인물지』가 후세에 전한다. 영웅이 할거하고 인재가 명멸하던 난세에 인물을 골라내서 기용하던 그의 분별력이 이 『인물지』에 보인다. 그는 인간의 감추어진 자질은 그 얼굴에 드러난다고 보았다.

> 낯빛이 겉으로 드러난 것을 신기가 발현되었다[徵神]고 하는데, 신기가 발현되어 외모로 드러나면 마음의 본모습이 눈빛에 나타난다. 그러므로 어진 이의 눈빛은 삼가는 듯 단아하고, 용감한 사람의 눈빛은 타오르듯 강렬하다.
> (중략)
> 용모의 움직임은 심기(心氣)에서 나오는데, 심기의 징험은 말소리의 변화에서 볼 수 있다. 기가 모여 소리를 이루고, 소리는 음률에 상응하게 된다. 이에 따라, 화락하고 평온한 소리, 맑고 화창한 소리, 여운이 길게 늘어지는 소리가 있게 된다. 말소리와 심기가 맞아떨어지면, 속마음이 용모와 안색에 드러나기 마련이다. 그러므로 진실로 인자하다면 반드시 온유한 낯빛이 있게 되며, 진실로 용감하다면 반드시 용맹스럽고 과단성 있는 낯빛이 있게 되며, 진실로 지혜롭다면 명석하고 통찰력 있는 낯빛이 있게 마련이다.
> — 『인물지』(유소 지음)에서

얼굴은 내면의 풍경이고 외계로 향한 창구다.
얼굴의 언어는 말의 언어가 아니라 몸과 마음의 언어이다.
사람은 말로 소통하는 것이 아니라
몸과 마음으로 교신한다.

　유소의 글에서, 얼굴빛은 덕성의 신체적 표출이며 얼굴빛을 통해 표출된 덕성은 감성적 직관으로 해독할 수 있는 것이다. 유소의 글은 난세에 인물을 가려서 써야 하는 사람의 긴장된 관찰을 느끼게 하지만 얼굴박물관에 전시된 얼굴들은 등용이나 평가와는 아무런 관련도 없는 자족한 내면의 세계를 보여준다. 어떤 얼굴은 평온한 조화 속에 잠겨서 웃고 있고, 또 어떤 얼굴은 완강한 자의식을 드러내 보인다. 소박한 내면의 기쁨을 단출하게 드러내는 얼굴도 있고, 삶에 대한 경건성을 무거움이 아니라 오히려 가벼움으로 표출해내는 얼굴도 있다. 그 얼굴들은 샤머니즘이나 초월의 길로 나아가지 않고 인간이 사는 땅 위의 길과 마음의 길로 걸어가는 자들의 표정이다. 서산마애삼존불은 종교적 신성을 대부분 털어버리고 생로병사를 수용하는 인간의 현세성을 그 주된 표정으로 삼고 있다. 그래서 서산마애삼존불은 신성에서 속성으로 그리고 속성에서 신성으로 가는 양쪽의 통로를 모두 열어놓은 표정이다.

　얼굴박물관의 얼굴들은 자신으로부터 세계로, 그리고 타인의 표정을 이끌고 자신의 내면으로 들어가는 양쪽 통로 사이에서 풍경을 이룬다. 그 표정들 속에서 몸과 사유는 구별되지 않고, 대척되지 않는다. 사유는 몸으로 드러나고 몸은 사유의 집이다. 그 합일이 표정이라는 풍경을 이룬다.

　다시는 거울을 들여다보지 말자고 나는 그 얼굴박물관에서 다짐했다. 내 얼굴과 표정은 나 자신의 절박한 드러남일 테지만 이 드러남은 나의 자연현상인 것이어서 나 자신이 그것을 들여다보아야 할 까닭은 전혀 없을 것이다. 내 얼굴은 나에게 보일 필요가 없는 자연현상으로써 홀로 고요히 하나의 풍경을 이루고, 그 풍경에 세상의 풍경이 비치고, 이 비침을 통해 나는 세상과 소통할 수 있을 것이다. 얼굴박물관의 얼굴들은 거울을 들여다보지 않는다.

활동 1 윗글에서 '얼굴의 자연성'의 의미를 찾아 정리해 보자.

활동 2 ┃ 자화상을 그려 보고 자화상에 담긴 의미를 소개해 보자.

자화상

- 자화상의 의미 : ....
....
....
....
....

가족호칭어

민찬

> 명절날나는 엄매아배따라 우리집개는 나를따라 진할머니 진할아버지가 있는 큰집
> 으로 가면 얼굴에별자국이솜솜난 말수와같이눈도껌벅걸이는 하로에베한필을 짠다는
> 벌하나건너집엔 복숭아나무가많은 신리(新里)고무 고무의딸이녀(李女) 작은이녀(李女)

  1930 · 40년대에 활동한 백석(白石)의 대표시 '여우난골族(족)'의 첫머리이다. 띄어쓰기를 무시한 데다가 평안도 사투리까지 섞여 있어 언뜻 난해한 것처럼 보여진다. 그러나 조금만 더 들여다보면 설을 쇠기 위해 큰집으로 건너가는 어린아이의 종종거리는 뒷모습을 연상하기에 어렵지 않다. 이 시에서는 특히 명절날 한 곳에 모인 일가친족들의 정겨운 분위기가 향토색 짙은 가족호칭어를 통하여 묻어나오고 있다. 진할아버지, 진할머니는 친할아버지, 친할머니의 다른 말이고 신리고무는 신리로 출가한 고모를 지칭한다. 고모의 딸이 이녀이니 이씨 성을 가진 이 계집아이는 백석의 고종사촌이 될 것이다.

  해방과 함께 북한에 머물렀던 백석이 언제 죽었는지는 알려져 있지 않다. 그가 살아 있다면, 혹은 시에 등장하는 백석의 사촌동생 이녀가 살아 있다면 지금쯤 미수(米壽)의 나이가 되었을 것이다. 문득 그러한 공상을 하게 된 것은 얼마 전에 세상을 떠난, 백석과는 짧고도 아주 진한 사랑을 나누었던, 1천억 원대의 재산 전부를 염주 한 벌과 바꾼 바 있는 김자야 여사 때문이었다. 그리고, 진할머니나 신리고무, 혹은 위의 대목에는 안 나와 있지만 삼춘엄매와 같이 '여우난골族(족)'에 등장하는 호칭어가 골동품에서나 맡을 수 있는 옛 냄새를 풍기고 있기 때문이다.

  대가족제도 하에서는 가족구성원이 위아래로는 3대, 4대까지, 옆으로는 4촌,

6촌까지 퍼져 있는 것이 다반사였다. 따라서 한 가족 내에서도 다양한 관계가 형성되었으며 그러한 관계의 양쪽으로는 그에 따른 호칭어가 정해져 있었다. 예컨대 '내가 부르는 호칭어'와 '나를 부르는 호칭어'가 엄격하게 규정되어 있었던 것이다. 가족 내의 질서는 이러한 호칭어에 의하여 유지되었고 그것은 곧 가족을 지탱하는 보이지 않는 힘으로 작용하여 왔다. 완고한 집안일수록 그 같은 호칭어의 엄격성은 남아 있다.

가족구성원의 다양함에 따른 복잡한 관계, 그러한 관계에서 비롯하는 호칭어의 복잡함은 때때로 사람들을 곤혹스럽게 만들기도 한다. 전통적인 가족호칭어에는 우리말과 한자어가 뒤섞여 있어 처음 보는 집안사람이라도 있을라치면 무어라고 불러야 할지 난감할 때가 있다. 더욱이 상대가 나이는 많은데 항렬(行列)이 아래거나 반대로 나이는 어린데 항렬이 위면 난처하기가 이를 데 없다. 어쩔 수 없이 참석하게 되는 종친회 자리에서 늘 안절부절못하는 것도 다 그러한 이유 때문일 것이다.

그러나 가족 단위의 구성원이 대폭 줄어든 요즘에는 가족호칭어에서도 변화가 일어나고 있다. 시누이를 부를 때 손위일 경우는 형님이 되고 손아래일 경우는 아가씨가 되어야 한다. 그러나 어디 그런가. 아이가 부르는 호칭 그대로 고모라고 부르는 것이 보편화되어 있다. 시동생도 마찬가지이다. 서방님이나 도련님이라는 호칭이 영 어색한지 그것도 삼촌으로 통일이 되어 간다. 시어머니를 엄마로 시아버지를 아빠로 부르는 붙임성 많은 며느리가 생겨나는 판이니 이것들은 다 가족호칭어가 유아화하고 있는 현상이라 할 만하다.

한편 가족호칭어가 사회적 공간으로 진출하고 있는 것도 재미있는 현상이다. 아이들에게 엄마의 친구를 이모라고 부르게 하고 아빠의 친구를 큰아버지라고 부르게 하는 것은 장난기를 동반한 어른들의 편한 생각이라고 치자. 그런데 구둣가게의 젊은 남자가 여자 손님에게 언니라고 하며 노신사가 시중 드는 음식점 여종업원을 언니라고 부르는 것은 무엇인가. 시골길이나 버스 안에서 마주친 아저

씨에게 나이나 나이의 차이는 아랑곳없이 무조건 할아버지라는 호칭이 따라붙는 것도 같은 현상이다. 친밀감이 생겨서 좋다고는 하겠으나 이 또한 정상은 아닌 것이다.

 이렇게 보면 우리말 속의 다양한 가족호칭어도 가까운 관계를 지칭하는 몇 가지를 남기고 나면 퇴출될 날이 머지않은 듯하다. 불러야 하는 대상이 줄어들고 대상이 있다 하더라도 자주 대하지 못한다면 그에 대한 호칭어는 당연히 설 자리를 잃어버리게 될 것이기 때문이다. 그것은 마치 '여우난골族(족)'의 마지막을 장식하고 있는 아이들의 전통놀이 대부분이 자취를 감춰버리고 만 것과 같다. "쥐잡이, 숨글박질, 꼬리잡이, 조아질, 쌈방이, 바리깨돌림, 호박떼기, 제비손이구손이"로 이어지는 그 시절의 놀이들 중에서 우리가 지금 알고 있는 것이 과연 몇이나 되겠는가. 설날 아침에 시트콤을 보면서 두서없는 생각들을 떠올려봤다.

더 읽을거리 | 다음은 국립국어원에서 발간한 『우리, 뭐라고 부를까요?』의 일부 내용을 정리한 것이다. 이를 읽고 일상에서 쓰이는 호칭·지칭어의 정확한 의미를 이해해 보자.

① '친할머니', '외할아버지' 대신 '미룡동 할머니', '군산 할아버지'라고 해도 됩니다. 전통 언어 예절에서는 아버지 쪽은 가까움을 뜻하는 '친(親)-'을 쓰고, 어머니 쪽은 바깥을 뜻하는 '외(外)-'를 써서 구분하여 왔는데, '미룡동 할머니', '군산 할아버지'처럼 지역 이름을 넣어 친·외가 구분 없이 표현할 수 있습니다.

② 남편의 부모나 아내의 부모를 부르거나 이를 때는 기본적으로 높임말을 써야 합니다. 다만 상대방이 배우자의 부모보다 서열이 높거나 나이가 많은 경우, 이를테면 조부모 앞에서나, 배우자의 부모보다 나이가 많은 나의 부모 앞에서는 '시아버지', '시어머니', '장인', '장모' 등으로 이를 수 있습니다. 이러한 경우를 제외하고는 '장인', '장모'로 이르기보다는 '장인어른', '장모님' 또는 '아버님', '어머님' 등으로 높여 이르는 것이 바람직합니다. 또한, 시부모에 대한 호칭 중 '시아버지'는 '아버님'으로만, '시어머니'는 '어머님/어머니'를 모두 쓸 수 있게 한 것을, 시부모 모두에 대하여 '아버님/아버지', '어머님/어머니'로 쓸 수 있습니다.

③ 남자와 여자의 결혼 이전 친부모의 집을 이르는 말로 '본가'를 사용합니다. 단, 여자의 경우는 '친정'도 함께 사용할 수 있습니다. 예를 들어, 남자의 경우 '본가 아버지', '본가 누나' 등으로, 여자의 경우 '본가 아버지/친정아버지', '본가 언니/친정 언니' 등으로 사용할 수 있습니다. 특히 요즘은 미혼의 1인 가구도 많아지고 있는데 이때도 부모님의 집을 가리켜 '본가'라고 할 수 있습니다.

④ 부부간에 '자기'는 널리 쓰이는 호칭인데, '여보'와 마찬가지로 '자기'를 부부간의 호칭으로 써도 된다는 의견이 많습니다. '자기(自己)'는 원래 앞에서 이미 말하였거나 나온 사람을 도로 가리키는 말로 쓰이지만 오늘날에는 연인이나 부부 사이에서 상대방을 정답게 이르는 말로도 쓰이고 있습니다. 더불어 '부인'은 남의 아내를 높여 이르는 말이므로 자신의 아내는 '아내'라고 지칭하는 것이 올바릅니다. 또한, '안', '밭(바깥)' 등 성에 따른 구분 표지나 남녀 비대칭적인 구분 표지의 사용을 지양합니다. 예를 들어, '안사람', '바깥양반' 등은 '아내'와 '남편'으로 사용합니다.

⑤ 친한 사이에서는 자신의 아내를 '우리 마누라'와 같이 이르기도 합니다. 그런데 '마누라'는 아내를 허물없이 이르는 말이므로 격식을 갖춰야 하는 자리에서는 주의하는 것이 좋습니다. 최근에는 아내를 지칭하면서 '와이프'라는 외국어를 쓰는 사람들이 많은데, 외국어 표현인 '와이프'보다는 우리말 표현인 '아내'로 이르는 것이 바람직합니다. 또 남편을 친구들에게 이를 때 '우리 신랑'과 같이 표현하기도 하는데, '신랑'은 결혼한 지 얼마 되지 않은 남자를 가리키는 말이므로 되도록 '우리 남편'이라 이르는 것이 좋습니다.

⑥ 배우자의 형제자매와 친하게 지내는 가정에서는 배우자의 형제자매를 나의 형제자매처럼 부르기도 합니다. 예를 들면 여자가 남편의 누나를 '형님' 대신 '언니'로 부르거나, 남자가 아내의 남동생을 '처남' 대신 이름으로 직접 부르는 경우가 있습니다. 전통적인 방식은 아니지만 집안의 분위기에 따를 일입니다.

⑦ '도련님', '서방님', '아가씨'도 각자의 판단에 따라 다양하게 부를 수 있습니다. 남녀 차별적인 호칭으로 관심을 모았던 '도련님', '서방님', '아가씨' 등은 자녀와의 관계에 기대어 '○○[자녀 이름] 삼촌/고모' 등으로 불러도 되고, 관계가 친밀하다면 '○○씨'라고 부르거나 이름을 직접 부를 수 있습니다.

⑧ 서열이 아래이지만 나이가 많을 경우 상대를 존중할 수 있는 장치인 '-님'을 붙

여 부르고 이를 수 있습니다. 가족 간에 나이와 서열이 역전되는 경우에는 호칭이나 지칭 뒤에 '조카님', '처제님', '동서님'처럼 '-님'을 붙여 존중하는 뜻을 나타낼 수 있습니다. 여동생의 남편이 나보다 나이가 많을 경우 '매부님', '매제님', '○ 서방님'과 같이 부를 수 있습니다.

⑨ 예전에는 형보다 동생이 먼저 결혼하는 일이 많지 않았기 때문에 동생이 결혼을 해서 자녀가 생겼을 때 형도 역시 자녀가 있는 것이 일반적이었습니다. 그런데 요즘에는 형이 결혼하지 않았는데 동생이 먼저 결혼하여 자녀가 생기는 경우도 있습니다. 아버지의 형에게 '큰아버지'라고 부르는 것이 전통적인 호칭이지만, 아버지의 형이 결혼하지 않았다면 '(큰)삼촌'으로 부르고 이르는 것도 가능합니다.

⑩ 며느리의 동생이 미혼인 경우에는 '사돈총각/사돈처녀' 등으로 부르는 것이 일반적인데, 그들이 결혼을 한 후에도 '사돈총각/사돈처녀'로 부르는 것이 어색할 때가 있습니다. 이때 자녀 배우자의 가족에게는 모두 '사돈'이라는 말을 통용할 수 있습니다. 그러므로 며느리의 동생은 결혼 여부와 관계없이 '사돈'이라 부릅니다. 관계성을 더 구체적으로 드러내고자 한다면 '사돈 동생분'이나 '○○[며느리 이름] 동생분'으로 표현하거나, 손주의 이름을 빌려서 '○○[손주 이름] 외삼촌/이모'로 표현할 수 있습니다.

⑪ 친구의 아내를 '제수' 또는 '제수씨'라고 부르는 경우가 있습니다. 가족 간에 부르거나 이르는 말의 쓰임이 사회적인 관계로 확장된 사례입니다. 그런데 표준국어대사전에 '제수'는 '남자 형제 사이에서 동생의 아내'를 이르거나 '남남의 남자끼리 동생뻘이 되는 남자의 아내'를 이르는 말로 한정되어 있어, 친구의 아내를 부르거나 이를 때 '제수'라고 하는 것은 옳지 않습니다. 그러나 친구 사이가 형제처럼 친밀하고 친구의 아내가 이에 대해 불편한 마음을 느끼지 않는다면 '제수'라는 말을 쓸 수 있습니다.

⑫ 최근 나이 많은 후배나 동료를 두게 된 직장인들을 자주 보게 됩니다. 또 승진 제도가 유연해지면서 입사 선후배의 직위가 역전되는 경우도 종종 있습니다. 그런 관계에서는 전통적인 직장 내 호칭 방법인 직함 중심의 호칭을 그대로 쓰자니 서로가 어색하고, 쓰지 않으려니 서로 불편한 상황이 발생합니다. 심지어 호칭이 동료들 사이에서 갈등 요인이 되기도 합니다. 이에 따라 직급이 같은 나이 많은 동료나 후배를 존중하고 배려하는 직장 문화가 필요하다는 사회적 인식이 형성되었습니다. 그 때문인지 많은 직장에서 나이 많은 후배를 '후배(님)'으로 부르거나 직함에 '-님'을 붙여 '대리님', '과장님'이라 부릅니다.

⑬ 아이 친구의 엄마들끼리 적당한 호칭이 없어 '○○ [자녀 이름] 엄마'로 부르는 경우가 있는데, 나이와 상관없이 이렇게 불러도 되는지 의문이 들 때가 있습니다. 이 경우, 정해져 있는 것은 아니지만 그 쓰임을 보면 '○○ [자녀 이름] 엄마'라는 말은 같은 연배나 손아랫사람에게 쓰는 것이 더 일반적입니다. 상대방이 나보다 나이가 더 많다면 '○○ [자녀 이름] 어머니/어머님'을 써서 상대를 높여 부르는 것이 바람직합니다.

활동 1 윗글에서 가족호칭어의 변화 양상을 찾아서 정리하고, 이에 대한 자신의 견해를 밝혀 보자.

본래의 의미 (또는 상황)		변화된 호칭어	자신의 견해
시누이	손위: 형님 손아래: 아가씨		
시동생	서방님, 도련님		
시어머니			
시아버지			
엄마의 친구			
아빠의 친구			
구둣가게의 여자 손님			
음식점 여종업원			
버스 안에서 만난 아저씨			

활동 2 국립국어원에서 발간한 『우리, 뭐라고 부를까요?』를 참고하여 다음에 제시한 질문에 대해 적절한 답변을 찾아 정리해 보자.

번호	질문	답변
1	친구들 중에 자신의 남편을 이야기 하면서 "아빠가……."와 같이 말하는 친구가 있습니다. 또 남편이 고위직에 있다면서 '그분'이라고 하거나 '우리 교수님'이라고 하는 친구도 있고요. 듣기에 모두 불편한데요, 남편을 지칭하는 방법이 정해져 있나요?	
2	저에게는 두 살 위인 언니가 있습니다. 언니가 두 살 연하와 결혼을 해서 형부랑 저랑 나이가 같고, 남편은 저와 형부보다 한 살 위입니다. 남편은 한 살 어린 형부에게 동서라고 부르는데, 형부는 남편에게 동서라는 호칭 대신 '○○ 씨'라고 부릅니다. 제 남편은 한 살 어린 형부가 '○○씨'라고 호칭하는 것이 본인을 하대한다고 생각합니다. 형부가 제 남편을 어떻게 불러야 하나요?	

3	아버지의 형님이 두 분인 경우, 첫째 형님을 '큰아버지'라고 부릅니다. 그럼 아버지의 둘째 형님은 호칭을 뭐라고 해야 하나요? 아버지의 형님이시니 '큰아버지'가 맞을 것 같은데, 어떤 집에서는 '작은아버지'라고 하는 것 같습니다.	
4	사회 초년생인 신입 사원입니다. 직장 동료의 배우자를 지칭하는 말이 궁금합니다. 부하 직원이나 나이가 어린 동료의 남편에 대해서도 '부군'이라는 말을 쓸 수 있나요?	
5	교사가 학부모와 전화나 상담을 할 때, 본인을 "저는 ○○○의 담임 선생님입니다."로 소개하는 것이 적절할까요?	

가족 관련 시

우리 가족

김후란

우리집 네모난 방들은
저마다 다른 얼굴로
치장을 하고
저마다의 향기로 채워져 있습니다
발그레 뺨이 고운 우리 가족들
거실에서 식탁에서 침실에서
노상 쏟아지는 웃음소리 음악이 되어
천장을 울리고
창 밖으로 새어나고
레이스 커튼 하르르 날리고
피어나는 화분에 빛이 넘칩니다
정겨운 낡은 풍금처럼
언제 보아도 편안한
우리 가족

못 위의 잠

나희덕

저 지붕 아래 제비집 너무도 작아
갓 태어난 새끼들만으로 가득 차고
어미는 둥지를 날개로 덮은 채 간신히 잠들었습니다
바로 그 옆에 누가 박아놓았을까요, 못 하나
그 못이 아니었다면
아비는 어디서 밤을 지냈을까요
못 위에 앉아 밤새 꾸벅거리는 제비를
눈이 뜨겁도록 올려다봅니다
종암동 버스정류장, 흙바람은 불어오고
한 사내가 아이 셋을 데리고 마중나온 모습
수많은 버스를 보내고 나서야
피곤에 지친 한 여자가 내리고, 그 창백함 때문에
반쪽난 달빛은 또 얼마나 창백했던가요
아이들은 달려가 엄마의 옷자락을 잡고
제자리에 선 채 달빛을 좀더 바라보던
사내의, 그 마음을 오늘밤은 알 것도 같습니다

실업의 호주머니에서 만져지던
때묻은 호두알은 쉽게 깨어지지 않고
그럴듯한 집 한 채 짓는 대신
못 하나 위에서 견디는 것으로 살아온 아비,
거리에선 아직도 흙바람이 몰려오나봐요
돌아오는 길 희미한 달빛은 그런대로
식구들의 손잡은 그림자를 만들어주기도 했지만
그러기엔 골목이 너무 좁았고
늘 한 걸음 늦게 따라오던 아버지의 그림자
그 꾸벅거림을 기억나게 하는
못 하나, 그 위의 잠

어머니의 맷돌

김종해

맷돌을 돌린다
숟가락으로 흘려넣는 물녹두
우리 전 가족이 무게를 얹고 힘주어 돌린다
어머니의 녹두, 형의 녹두, 누나의 녹두, 동생의 녹두
눈물처럼 흘러내리는 녹두물이
빈대떡이 되기까지
우리는 맷돌을 돌린다
충무동 시장에서 밤늦게 돌아온
어머니의 남폿불이 졸기 전까지
우리는 켜켜이 내리는 흰 녹두물을
양푼으로 받아내야 한다
우리들의 허기를 채우는 것은 오직
어머니의 맷돌일 뿐
어머니는 밤낮으로 울타리로 서서
우리들의 슬픔을 막고
북풍을 막는다
녹두껍질을 보면서 비로소 깨친다
어머니의 맷돌에서
지금도 켜켜이 흐르고 있는 것
물녹두 같은 것
아아, 그것이 사랑이었음을!

부부(夫婦)

박정진

서로 아무것도 모르고 만나서
물고 빨고 10년
으르렁대기 10년
사는 것이 싸우는 것인지
싸우는 것이 사는 것인지
10년, 또 10년 넘으니 뒤섞여
누가 누군지 모르겠네.
거울을 보며 서로
나는 너를
너는 나를
자기라고 우기네.
부부로 살다보면
저절로 지천명(知天命)하고
저절로 이순(耳順)되네
이제 여보! 라고 부르지 않아도
미리 알고 움직이네.
서로 따로 태어났다가
죽을 때는 함께 합장되네.

활동 1 | 위의 시들을 참고하여 바람직한 가족상에 대해 모둠별로 토의한 후 발표해 보자.

토의 안건	
토의 내용	
토의 결과	

활동 2 | 위의 활동을 바탕으로 각자 미래의 배우자나 자녀에게 편지를 써 보자.

종 합 활 동

※ 〈보기〉를 참고하여 현대사회에서 반려동물(또는 반려식물)을 가족으로 인정할 수 있는지에 대해 자신의 의견을 제시해 보자.

> **보기**
>
> 화초가 삶의 동반자가 됐다. '애완동물'이 '반려동물'로 격상된 것과 마찬가지다. 반려동물·식물을 필요로 하는 시대다. 급변하는 세상, 파편화된 삶 속에서 사람들 사이에 소통과 정서적 교감이 줄어들면서다. 너나없이 백아와 종자기 같은 '지음(知音)'이 없어 외로워서다. 정호승 시인은 "외로우니까 사람"(시 「수선화」)이라고 한다. 나태주 시인은 "이름을 알고나면 이웃이 되고/ 색깔을 알고나면 친구가 되고/ 모양을 알고나면 연인이 된다"(시 「풀꽃 2」)고 한다. 다시 식목일이 왔다. 저마다 마음 나눌 무언가를 찾고 심어 키워볼 때다.

제2장
인생 설계

제2장 인생 설계

인생 설계란 지금보다 나은 삶을 살 수 있도록 한 사람의 생애 주기를 고려하여 인생을 설계하는 것을 말한다. 인간은 태어나서 학교를 다니고 직장을 가지며 결혼을 거쳐 노년에 이르기까지의 과정마다 다양한 목표가 존재한다. 그 목표에는 건강이나 재산 형성, 사회적 관계망의 구축, 희망에 따른 직업 선택, 주택 마련 등이 있다. 이 장은 대학생들이 자신을 깊이 있게 탐색하고, 삶에 대한 고민을 함께할 수 있는 내용으로 구성하였다. 청년기는 학생에서 사회인으로 바뀌는 인생의 전환기에 해당하기 때문에 인생 설계가 꼭 필요한 시기라고 할 수 있다. 대학에서의 인생 설계는 앞으로 살아갈 날들에 대한 전체 계획을 의미하기 때문이다.

인생 설계는 '나'를 잘 아는 것에서부터 출발해야 한다. '나는 어떤 사람인가, 무슨 일에 재능이 있는가, 앞으로 어떤 사람이 되고 싶은가' 등 현재의 나에 대해 정확히 인식한 후에 앞으로 내가 할 수 있는 일들을 쌓아가는 것이다. 그리고 어떤 삶을 꾸려가야 하는지에 대한 고민이 필요하다. '나'는 홀로 존재하는 것이 아니라 사회 속에서 관계를 맺으며 살아가는 존재이기 때문이다. 또한 안정적인 삶을 영위하기 위해서는 적절한 자본이 필요하다. 자본주의 사회에서 자본이란 삶을 지탱하기 위한 필수요소이기 때문이다.

이 장에서는 인생 설계에 참고할 만한 글들을 수록하였다. 「누구나 마음속에 상처 입은 어린아이가 살고 있다」에서는 우리 마음속에 상처받은 아이가 살고 있으며, 이 아이는 인생이 끝날 때까지 정해진 발달 단계를 밟아가며 성장통을 겪는다고 말하고 있다. 「꿈은 명사가 아니라 동사여야 한다」에서는 유명한 인물, 돈 많이 버는 직업이 중요한 것이 아니라, 삶을 어떻게 사는지가 중요하다고 말하고 있다. 「어떻게 경제적 자유를 얻을 것인가」에서는 자본주의 사회에서 삶의 주도권과 독립성을 지키기 위해서는 재정 독립이 필요함을 역설하고 있다. 지속가능한 수준의 재정 독립을 이루기 위해 필요한 '돈'과 '인간'의 속성을 이해하고, 그에 맞추어 자신의 기질을 수정할 것을 권고하고 있다. 이 장을 통해 자아의 성장뿐만 아니라 스스로 경제적 자유를 획득하여 독립된 삶을 영위하는 떳떳하고 의미 있는 존재로 거듭나기를 기대해 본다.

누구나 마음속에 상처 입은 어린아이가 살고 있다

김혜남

우리의 마음속에 상처받은 아이가 살고 있다고 말하면 대부분의 사람들은 말도 안 된다는 듯한 표정을 짓는다. '어디 증거를 대 봐라' 하는 얼굴이다. 그러나 눈으로 볼 수는 없어도 그 아이는 분명히 있다.

우리는 가끔 한밤중에 흐느끼는 그 아이의 울음소리를 듣는다. 여덟 살 때 꿨던 꿈에서 그랬던 것처럼 수십 년이 지난 지금까지도 그 아이는 꿈속에서 괴물에게 쫓기며 달리고 또 달린다.

다른 사람의 사소한 말이나 행동에 분노하며 이성적으로는 설명하지 못하는 강렬한 감정이 치솟아 오르면, 그건 대부분 그 아이의 분노와 슬픔이라고 생각하면 된다. 내가 자꾸 다른 사람을 있는 그대로 보지 못하고 어떤 특정한 시각으로 판단하고 있다면, 그 아이가 사람을 보는 방식이 지금의 나에게 영향을 주고 있는 거라고 보면 틀림없다. 그렇다면 그 아이는 언제부터 내 안에 있었을까? 그리고 왜 계속해서 머물며 떠나지 않는 걸까?

우리의 인생은 죽을 때까지 발달하고 성장하는 하나의 과정이다. 어머니의 뱃속에서 이 세상으로 나오는 순간부터 우리는 발달과 성장을 위한 걸음을 내딛는다. 발달의 동력은 우리의 유전자 안에 자리잡아 우리가 싫어하든 말든 앞으로 나아갈 수밖에 없게 만든다. 그래서 우리는 시간의 흐름에 따라 정해진 발달 코스를 밟아간다.

 그런데 각 발달 단계마다 우리가 성취해야 할 과제가 있다. 예를 들어 세 살까지는 내가 엄마와 한 몸이 아니라 분리되어 있어 슬프지만 그래도 엄마가 나를 항상 사랑해 주고 내가 필요로 할 때 내 옆에 있어 준다는 믿음을 가질 수 있어야 한다. 엄마에 대한 변하지 않는 믿음을 배워야 하는 것이다. 그리고 네다섯 살 때는 앞으로 다가올 사랑의 방향을 결정지을 오이디푸스 갈등을 해결해야 한다. 이때 오이디푸스 갈등이란 아빠라는 경쟁자를 물리치고 엄마를 내 것으로 삼으려는 욕망을 말한다. 한편 청소년기에는 자아정체성을 확립해야 한다. 이런 발달은 성인기와 중년기, 노년기를 거쳐 죽을 때까지 진행된다.

 그러므로 인생이란 평생을 걸려 '나'라는 집을 짓는 과정과도 같다. 그 집이 완성되면 우리는 무덤으로 들어가고, 그 집은 나의 묘비명이 된다. 그런데 집을 지을 때 초기 기반 공사가 중요하듯, 우리의 인생에 있어서도 생후 몇 년 동안의 경험이 전체 인생에 대한 윤곽을 잡는다. 이때의 경험을 바탕으로 나와 타인 그리고 세상을 보는 방식이 결정되고, 대인관계의 패턴이 정해지며, 사랑의 향방이 드러난다.

 물론 이것으로 우리의 삶이 완전히 결정되는 것은 아니다. 다행히 살면서 교정하고 수정할 기회는 얼마든지 있다. 다만 기초 공사가 잘못된 집을 고치려면 돈과 노력이 많이 드는 것처럼, 우리의 삶 또한 초기에 잘못된 것을 고치려면 그만큼 많은 시간과 노력을 기울여야 한다. 따라서 이 시기에 받은 상처는 그 흔적을 깊게 남긴다.

 문제는 상처 없는 삶은 없다는 데 있다. 우리의 삶은 상처로부터 자유롭지 못하다. 왜냐하면 우리는 끝없이 욕망하는 존재이고 그 욕망이 다 채워지는 경우는 결코 없기 때문이다. 그래서 아이가 엄마 품에서 기어 나와 홀로서기를 배우고 세상을 배워 갈 때 아이에게는 자신을 안심시키고 지켜봐 주는 엄마의 사랑이 절대적으로 필요하다.

그런데 이때 엄마가 없거나 혹은 엄마라는 존재가 사랑을 주었다가 불시에 화를 내고 짜증을 내는 등 예측할 수 없으면 아이는 외로움과 두려움을 느껴 큰 상처를 입는다. 아이의 일에 사사건건 간섭하는 엄마도 문제다. 이 경우 아이는 자율성을 빼앗겨 더 큰 상처를 입게 된다.

그렇다고 엄마가 곁에 있으면서 필요에 따라 적절히 반응해 주면 아이가 상처 입지 않을까? 아니다. 그럼에도 아이는 상처를 입을 수밖에 없다. 왜냐하면 세상에 완벽한 엄마는 존재하지 않으니까. 엄마 역시 욕망하는 인간이므로 때로는 남편에 대한 화를 애꿎은 아이를 탓하는 것으로 풀 수도 있다. 또 현실에서는 어떤 일이 일어날지 아무도 예측할 수 없다. 엄마가 잠깐 설거지하는 사이에 아이가 식탁에 기어오르려다가 의자와 함께 나동그라질 수도 있는 것이다. 그러므로 크든 작든 우리의 삶 자체가 상처로부터 자유롭지 못하다.

그런데 이때 아이가 상처를 입었는데 아무도 알아차리지 못하거나 치료해 주지 않으면 그 상처는 깊은 상흔을 남기고 아이는 마음 안으로 숨어 버린다. 그리고 더 이상 발달을 멈추어 버린다. 물론 어느 한 부분이 발달을 멈추었다고 그 아이의 전체적인 발달이 멈추는 것은 아니다. 상처 입은 부분을 제외한 다른 곳들은 발달을 계속한다. 그러나 그 결과 지적인 능력은 뛰어나지만 정서적으로 매우 미숙한 사람이 되는 등 불균형한 발달이 이루어진다. 이렇게 상처 입고 안으로 숨어 들어간 아이의 시간은 과거에서 정지되어 버린다. 그런데 다행히 우리는 살면서 과거의 상처를 회복할 수 있는 기회를 맞이하게 된다. 예를 들어 어릴 적 엄마와 떨어지는 과정에서 생긴 상처는 청소년기 때 다시 한 번 회복할 수 있는 기회를 맞는다. 이때는 심한 성장통을 앓게 되는데, 정상적인 성장통에다 과거에 이루지 못한 성장통이 더해지기 때문이다.

한편 내 마음속 상처 입은 아이도 고통에서 벗어나고자 끊임없이 노력한다. 자라지 않는 그 아이도 자라고 싶어 하는 것이다. 그래서 과거 상황으로 되돌아가 상처받았던 일을 아예 무효화시키려 하거나, 그 상황을 다르게 재현해 봄으로

써 상처를 극복하려고 애쓴다. 우리가 과거의 고통을 자신도 모르게 자꾸 반복하는 이유가 거기에 있다. 그런데 슬프게도 아이의 시도는 대부분 실패로 끝난다. 왜냐하면 그 아이는 과거로 되돌아가 이미 지나가 버린 과거를 복원하려는 헛된 시도만을 반복하기 때문이다.

만일 계속해서 비슷한 고통을 겪고 있다면 혹시 그 고통이 내 마음속 아이가 몸부림치면서 내는 소리가 아닌지 주의 깊게 살펴볼 필요가 있다. 그래서 그 아이가 성장하고 싶어서 내는 몸부림 소리라면 우리는 그 아이가 고통스러웠던 기억으로부터 벗어나게 도와주어야 한다.

그러기 위해서 우리는 과거로 되돌아갈 것이 아니라 그 과거를 떠나보낼 수 있어야 한다. 그리고 그 전에 울음을 참고 있던 아이가 마음껏 울 수 있도록 해 줘야 한다. 어디가 아팠는지 아이가 말할 수 있도록 도와주어야 한다. 아이가 자기의 상처를 내보이고 그것을 도려내거나 약을 바를 수 있도록 해 줘야 하는 것이다. 그렇게 과거의 상처가 아무는 데 필요한 제2의 성장통을 겪는다.

이때 제2의 성장통이 어떤 특정 시기에만 올 수 있는 것은 아니다. 예순 살이 넘어서도 올 수 있다. 우리가 그 아이의 아픔을 보길 원하고, 상처가 치유되길 원한다면, 그 아이가 고통을 멈추기를 원한다면 그 작업은 언제든지 가능하다. 그래서 고통을 이겨낸 아이가 더 이상 밤마다 울지 않을 수 있다면, 밝게 웃으며 잠들 수 있다면, 그래서 멈춰 있던 성장을 다시 시작할 수 있다면, 아무리 아프고 힘들어도 제2의 성장통은 충분히 겪을 가치가 있다.

활동 1 │ 윗글에서 글쓴이의 주장을 찾아 정리하고, 이에 대한 자신의 견해를 밝혀 보자.

주장	
견해	

활동 2 │ 자신이 겪은 성장통의 사례를 들고, 그 이후의 변화를 제시해 보자.

■ 사례 : ....
....
....
....

■ 변화 : ....
....
....
....

꿈은 명사가 아니라 동사여야 한다

최태성

여러분은 학창 시절의 꿈을 기억하시나요? 교사였을 때 저는 3월에 새 학기가 시작되면 학생들에게 꿈을 물어보곤 했습니다. 대개 "제 꿈은 변호사예요", "CEO예요", "공무원이에요" 하고 대답합니다. 그런데 이건 대부분 직업이잖아요. 대한민국 학생들에게 꿈은 곧 직업이에요. 직업 이름을 대지 않는 학생들의 꿈도 출세, 성공 이런 식입니다. 원하는 직업을 얻거나 성공한다고 해서 삶이 끝나는 것도 아닌데 딱 거기까지만 생각하고 있는 경우가 많아요.

이러니 정작 꿈을 이뤄도 더 이상 뭘 해야 할지 모릅니다. 그 순간 참 많이 흔들려요. 달성해야 할 목표가 사라지니 공허하기도 하고, 내가 원했던 삶이 이런 것이었나 하는 회의가 들기도 합니다. 성공했다는 사람들이 자신의 삶을 제대로 이끌어가지 못하고 도리어 망쳐버리는 모습을 우리는 종종 보게 됩니다. 이런 일이 생기는 까닭은 그들의 꿈이 '명사'였기 때문입니다. 무엇이 되느냐가 중요했을 뿐, 어떻게 사느냐에 대한 고민은 없었던 것이죠.

(중략)

저는 학생들이 명사의 꿈을 꾸는 것이 결코 그들의 잘못이라고 생각하지 않습니다. 우리 사회가 그런 사회예요. 제가 어릴 적에 주위 어른들이 저한테 꿈을 물어보면 저는 없다고 대답했어요. 제 대답을 들은 어른들의 눈빛이 지금도 기억납니다. 걱정하는 눈빛, 실망하는 눈빛이었어요. 어린 나이에도 그 마음을 눈치챌 수 있었습니다.

 그러던 어느 날 텔레비전에서 멋진 장면을 봤어요. 검은 옷을 입고 있는 사람이 근엄한 표정으로 나무망치를 땅땅땅 때리는 거예요. 어린 제 눈에는 굉장히 멋있어 보였습니다. 그래서 엄마한테 물어봤어요. 저 사람이 도대체 누구냐고요. 그랬더니 대법원장이래요. 그래서 그때부터는 누가 꿈을 물어보면 대법원장이라고 했어요. 대법원장이 뭘 하는지는 모르지만 그렇게 대답하니까 다들 너무 좋아하더라고요. 안심하고, 만족하셨어요.

 학생들도 그랬을 거예요. 어릴 적부터 이렇게 학습이 된 거죠. 누구도 그 다음은 질문하지 않아요. 대법원장이 되어서 뭘 하고 싶은지, 어떤 삶을 살고 싶은지 아무도 묻지 않습니다. 아이들에게 동사의 꿈을 물어봐야 하는데 명사의 꿈만 듣고 나면 그걸로 끝이에요. 그러니까 아이들도 거기까지만 생각을 하게 돼요. 그리고 자라면서 꿈을 잃어버립니다. 정체성을 확립하는 시기에 자신에 대해 깊게 고민해야 원하는 삶의 윤곽이 잡히는 법인데 모두 대학 입시라는 한 가지 목표를 향해 달리다 보니까 그럴 틈이 없는 거죠.

 그런데 요즘 고등학생이 대학에 가려면요, 꿈이 없으면 안 됩니다. 학생부 종합전형, 입학사정관 전형에 지원하려면 어릴 때부터 꿈을 정하고 그걸 위해 어떤 활동을 했는지 보여줘야 하거든요.

 하지만 중고등학생 때는 꿈을 탐색하는 시기 아닌가요? 이미 꿈을 정해서 그와 관련된 활동을 하고 인생을 설계해나가기에는 일러요. 어른들도 그렇게 하지 못했잖아요. 그걸 학생들에게 강요하는 건 좀 가혹하다는 생각이 듭니다.

 저는 스물일곱 살에 비로소 진짜 꿈이 생겼습니다. 그전까지 저는 무척 자신감이 없는 사람이었어요. 항상 제 단점만 생각하고 저보다 뛰어난 사람과 비교하기 바빴습니다. 자신감 없이 하루하루 '버티는' 삶을 살았습니다. 당연히 무슨 일을 해야 할지도 감이 안 잡혔어요. 심지어 이 땅에 왜 태어났을까 생각한 적도 있습니다. 공부도 1등은 아니었고, 얼굴이 잘생긴 것도 아니고, 집안이 좋은 것도 아니고, 운동이나 노래도 별로 못하고……. 무엇이든 잘하는 사람에 비하면 제가 너무 부족한 것만 같았죠.

 선생님이 되고 나서 첫 수업 시간이었을 거예요. 저는 제 나름대로 열심히 수업을 했습니다. 수업이 끝나고 종이 울리니까 아이들이 웅성거리기 시작했어요. 참았던 수다를 터뜨리는 거죠.

 교실 앞문을 열고 나가려는데 한 아이가 다른 아이에게 하는 말이 귀에 딱 들어왔어요. "우와, 이 선생님 진짜 잘 가르친다!" 이 말을 들은 순간, 저는 감격했습니다. 태어나서 처음으로 자신감이라는 걸 갖게 되었어요. '나도 잘하는 게 있나 보다' 생각했어요. 내가 가진 지식을 정리하고 전달하는 능력, 이것이 나의 장점이라는 걸 알게 되었습니다.

 그때부터 저는 동사의 꿈을 꾸기 시작했습니다. 내가 가진 능력이 한 학생에게 도움이 되었다고 하니까, 이 능력으로 더 많은 사람에게 도움을 주는 사람이 되어야겠다고 결심한 거죠. 그 학생의 말 한마디가 제 인생을 바꿔놓은 셈입니다. 저는 지금도 어떤 이들의 칭찬보다 학생들의 말에 더 많은 힘을 얻어요. 제 강의가 도움이 되었다는 이야기를 들으면 정말 기분이 좋습니다. 다른 사람에게, 나아가 이 사회에 미약하게나마 보탬이 되는 것이 제 꿈이기 때문입니다

 살아가는 데 직업은 무척 중요합니다. 어떤 직업을 가질지 고민하는 만큼 무엇을 위해서 그 직업을 원하는지도 생각해봐야 해요. 도전도, 용기도 좋습니다. 그런데 대체 무엇을 위한 도전이고, 무엇을 위한 용기인지 알아야 합니다. 그 최종 종착지는 동사의 꿈이었으면 해요. 그렇지 않으면 자신의 삶에서 길을 잃기 십상입니다.

 스스로 생각하지 않으면 주변에 휘둘리게 돼요. 우리는 주위 사람들과 끊임없이 관계를 맺으며 살아갑니다. 원하지 않아도 그럴 수밖에 없어요. 그러면서 진짜 내가 원하는 게 무엇인지도 모른 채 그저 좋아 보이는 것만 따라가지요. 자기 길을 모르니까요.

돈 많으면 행복하지요. 좋은 직업을 가져도 행복해요. 재주가 많은 것도 좋은 일입니다. 하지만 내 꿈을 이룰 때가 가장 좋습니다. 그리고 그보다 더 큰 행복도 있어요. 타인에게 도움을 줄 수 있을 때입니다. '아, 나도 누군가에게 도움이 되는 존재구나.' 내 존재가 가치 있다고 느낄 때야말로 무엇과도 비교할 수 없는 행복을 얻습니다. 인간은 관계를 통해서 존재하기 때문이죠.

꿈은 더 행복해지기 위해 꾸는 것입니다. 불행하고 싶은 사람은 없잖아요. 저는 사람들이 명사가 아닌 동사의 꿈을 꾸면 좋겠습니다. 이왕이면 다른 사람에게 도움을 줄 수 있으면 좋겠지요. 그 꿈에서 삶의 의미를 찾고 더 나은 세상을 만드는 데 기여하는 자신만의 자리를 발견하길 바랍니다. 그 힘이 우리를 앞으로 나아가게 하거든요.

동사의 꿈을 꾸는 사람이 많아지면 많아질수록 우리 사회는 더욱 건강해질 것입니다. 인생의 어느 순간에 와 있든 동사의 꿈이 없다면 이제 진짜 꿈에 대해 생각해볼 때입니다. 여러분의 꿈은 무엇입니까?

활동 1 <보기>를 참고하여 '동사의 꿈'과 '명사의 꿈'의 차이를 설명해 보자.

> **보기**
>
> 　대한제국의 외교권을 일제에 넘겨준 을사오적의 공통점은 매국노라는 공통점 외 고관대작, 지금으로는 대법원장이거나 비슷한 정도의 지위를 가졌던 사람들이다. 모두 집안도 좋고 머리도 좋은 그 시대 최고의 엘리트들이었다. 그렇게 뛰어난 사람들이 나라를 팔아먹는 데 앞장섰다. 그런데 그들과 다른 사람이 있었다. 독립운동가 박상진이다. 그 역시 머리가 좋았을 뿐 아니라 부와 권력을 지닌 이름난 가문 출신이었다. 하지만 일본이 조선의 엘리트들을 앞세워 식민통치를 하려 했을 때 당연히 회유대상이었을 박상진은 이에 따르지 않았다.
> 　눈앞에 탄탄대로와 가시밭길의 두 갈래 길이 보이는데 가시밭길로 발걸음을 옮기기는 쉽지 않다. 그렇지만 박상진은 그 길로 들어섰다. 열심히 공부해서 원하는 직업을 얻었는데 포기한 것이다. 그 이유가 참 감동적이다. 일제강점기에 판사로 일하면 일제에 저항하는 조선 사람들이 죄인으로 끌려올 것이고 그들에게 징역과 사형을 선고해야 하는데 자신은 그럴 수 없다는 것이다. 박상진은 자신이 앉을 자리가, 판사의 자리가 아니라 판사의 맞은 편, 즉 피고인석이라고 생각했다.
> 　판사를 꿈꾼 사람이라면 그걸 내던지기가 매우 어려웠을 것이다. 하지만 그의 꿈은 명사가 아니었다. 법에 대해서 아는 게 없어서 늘 당하고만 사는 평범한 이에게 도움을 주고 정의가 살아있음을 증명하는 사람이 되고자 판사를 꿈꾼 것이다. 명사가 아닌 동사의 꿈을 꾼 박상진은 그 꿈을 이루기 위해 대한광복회 총사령으로 의열투쟁에 앞장섰다가 결국 체포되어 교수형을 당한다. 의열투쟁의 본보기였던 대한광복회는 동포들에게 큰 자극이 되어 1931년 김구가 한인애국단을 만들기에 이른다.

활동 2 │ 자신의 꿈을 명사(무엇이 되느냐)와 동사(어떻게 사느냐)로 각각 표현해 보자.

명사의 꿈	동사의 꿈

어떻게 경제적 자유를 얻을 것인가

이동훈

1. 내가 원하는 삶을 위한 선결 조건, 재정독립

재무적 관점에서 생각하는 재정독립은 기본적으로 수익이 지출보다 큰 상태, 즉 내가 버는 돈이 쓰는 돈보다 많아서 통장 잔고가 계속 늘어나는 상태를 칭합니다. 이때 수입은 인플레이션 효과를 고려한 화폐가치면에서 일정 수준을 유지할 만큼 충분히 많아야 합니다. 또한 보유 자산을 증가시키고 부채는 줄여나가는 노력을 계속하는 것도 재정독립의 요건이 됩니다.

즉, 재정독립의 궁극적인 목표는 부채를 제로로 만들고 자산의 규모를 가능한 한 크게 키우는 것이 되겠지요. 이를 위해서는 평소 불필요한 소비를 지양하고 검소하게 생활함으로써 지출금액을 줄이려는 자세가 필요합니다.

또한 재무적 관점에서 봤을 때 재정독립에 필요한 자산은 '자본 자산', 즉 수익을 창출하는 자산입니다. 채권이나 주식, 부동산은 각각 이자와 배당, 임대료와 같은 수익을 만들어내는 자본 자산의 예라 할 수 있습니다. 자본 자산에는 이처럼 여러 종류가 있는데 그중 내가 원하는 때에 쉽게 현금화할 수 있는 유동성까지 갖춘 자산이라면 더욱 좋겠지요.

그렇다면 재정독립이 갖는 사회적 의미란 무엇일까요? 우리는 저마다 일을 하면서 삶을 살아갑니다. 하지만 일에 대한 생각과 태도는 조금씩 달라서, 어떤 이는 자신의 일을 천직으로 여기며 진심으로 사랑하는 데 반해 어떤 이는 마음에 드는 일이 아님에도 어쩔 수 없이 생계를 위해 해 나가기도 합니다. 여러분은 이 둘 중 어느 쪽이 '재정독립'이라는 개념과 좀 더 가까운 삶으로 여겨지시나요?

제가 생각하는 재정독립의 사회적 의미는 바로 '내가 좋아하는 일을 할 수 있게 해주는 선결 조건'입니다. 너무나 하고 싶은 일이 있지만 정작 그 일로는 금전적 수익을 얻을 수 없는 상황을 상상해 볼까요? 현금이나 자산을 충분히 보유한 사람이라면 크게 고민할 필요 없이 기꺼이 그 일을 하는 쪽을 선택할 것입니다. 그러나 보유 자산이 없어 자신의 일로 생계를 해결하며 살아야 하는 사람은 '돈이 안 되는' 그 일을 택하기가 현실적으로 어렵습니다.

'직업(職業)'의 사전적 의미는 '생계를 유지하기 위해 자신의 적성과 능력에 따라 일정 기간 동안 계속해서 종사하는 일'입니다. 하지만 '직'과 '업'의 의미는 서로 다릅니다. 전자가 업무나 직무 등 '맡게 된 일'이라는 수동적 의미에 가깝다면, 후자는 자신이 능동적으로 선택한 일을 의미하지요. 우리가 보다 즐거운 마음으로 할 수 있는 일이 어느 쪽인지는 독자 여러분도 충분히 아실 것입니다.

이렇게 '직'과 '업'을 분리하는 것은 재정독립이 이뤄졌을 때 가능한 일입니다. 경제적 이유나 의무감으로 짊어지고 있던 무거운 '직'을 내려놓고 평소 자신이 즐기던 취미를 '업'으로 발전시킬 수 있는 중요한 선제 요건이 바로 재정독립과 경제적 자유인 것입니다. 이 둘은 은퇴 후의 편안한 삶에 요구되는 필수불가결한 조건임과 동시에 자신이 소망하는 삶이나 일을 영위하는 삶을 사는 데도 없어선 안 될 요소입니다.

그렇다면 재정독립은 그런 삶을 위한 일시적 충족 요건일까요? 그렇지 않습니다. 재정독립을 이루는 데 성공했는가의 여부보다 중요한 것은 그것이 지속가능해야 한다는 점이기 때문입니다.

최근 들어 저는 가상화폐 혹은 변동성이 큰 일부 상장 주식에 투자하여 젊은 나이임에도 갑자기 큰돈을 번 이들을 직·간접적으로 많이 보았습니다. 그들 중 일부는 마치 세상을 다 얻은 사람처럼 자신감이 넘쳐났고, 일부는 '나는 지금의 성공에 절대 만족하지 않고 앞으로 더욱 큰 수익을 반드시 창출해 내겠다'라는 의지로 이글거리는 눈빛을 보였습니다. 하지만 지난 30년간 자본 시장이 거친 여러 사이클을 통해 다양한 투자자의 명망을 직접 경험한 제게 있어 그들은 모래 위에 세워진 누각 같은 느낌이었습니다.

과연 그들은 자신들이 획득한 부를 앞으로도 오래도록 지속되게끔 관리하며 키워나갈 수 있을까요? 이 질문에 대한 제 답은 부정적입니다. 쉽게 번 돈은 쉽게 나가게 마련입니다. 인간은 완벽한 존재가 아니기에 탐욕이 지나치면 무리한 투자를 하기도 하고, 과한 공포에 휩싸이면 섣부른 실수도 저지르게 됩니다.

다양한 상황을 깊이 경험하지 않은 상태에서 다가온 부는 어찌 보면 신의 시험이라고도 할 수 있습니다. '네가 정말로 더 큰 부를 감내할 자격과 능력이 있는지 확인해 보겠다'라는 의도의 시험 말입니다.

지속가능한 수준의 재정독립은 하루아침에 이루어지는 일이 아닙니다. 뼈를 깎는 경험과 반성, 그리고 연습을 통해 안정적 사고와 행동패턴을 갖추었을 때에만 가능하기 때문입니다.

2. 돈과 인간, 자신의 속성을 파악하기

지속가능한 재정독립을 성취하는 데는 세 가지 핵심 요건이 필요합니다. 첫째는 '돈의 속성을 이해하는 것', 둘째는 '인간의 속성을 이해하는 것', 셋째는 '나의 기질을 알고 고쳐나가는 것'입니다. 이러한 각 요건들을 좀 더 자세히 살펴보겠습니다.

첫째, 돈의 속성을 이해하라

돈을 학문적으로 표현하면 '자본'이라 합니다만, 여기서는 직설적으로 '돈'이라고 칭하겠습니다.

돈은 돈을 필요로 합니다. '돈 놓고 돈 먹기'라는 속된 표현이 있지요. 돈을 벌려면 돈을 풀어야 한다는 의미인데 돈은 혼자서 하늘에서 떨어지지 않습니다. 내가 무엇인가를 하면 그 대가로 돈을 받거나, 내가 돈을 제공하면 그 값어치에 대한 대가가 붙어서 나에게 다시 돌아옵니다.

무엇인가를 해서 받는 돈은 노동 소득이고, 돈에 대한 값어치로 받는 돈은 이자나 배당과 같은 투자 소득입니다. 즉, 돈은 무엇인가에 대한 대가입니다. 우리는 그 돈을 더 많이 만들기 위해서 노동을 하거나 투자를 하는 것입니다.

재정독립과 경제적 자유를 위해서는 노동과 투자가 동시에 일어나는데, 대개는 노동이 먼저 이루어집니다. 노동 소득이 어느 정도 모이면 소비하고 남는 돈을 투자해서 투자 소득을 얻으니까요.

돈은 항상 대가를 원하는 성격이 있고, 그 대가는 시간이 지나면서 또 위험하다는 곳에 사용될수록 커지는 속성을 띱니다. 그리고 이 대가들은 이자, 배당, 자본수익 등과 같은 용어로 표현됩니다.

누군가에게 돈을 빌려주고 일정 기간이 지난 뒤 돌려받을 때 그에 대한 대가로 덧붙는 것이 이자입니다. 또 사업을 하는 회사에 돈을 투자하고 이후 수익이 발생하면 그중 나의 지분에 해당하는 만큼으로 받는 대가가 배당이지요.

사람들이 돈에 대해 요구하는 대가의 여러 종류와 특성을 이해하는 것은 곧 돈의 속성을 이해하는 것입니다. 그리고 투자자라면 자신이 다루는 대상인 돈에 대한 이해를 반드시 갖춰야 합니다.

돈의 또 다른 특성이 있습니다. 절대 혼자가 아니라 그 소유자, 즉 우리와 항상 함께 있다는 점이 그것입니다. 어떤 소유자를 만나느냐에 따라 그 돈의 운명도 달라집니다.

돈을 잘 이해하고 사용하는 소유자들은 그것을 모아 힘을 키우기 위해 회사를 설립하거나 펀드를 만듭니다. 규모의 경제가 이뤄지면 더 좋은 투자처가 나타날 수 있고, 돈의 속성을 잘 아는 이들과 머리를 맞대고 투자결정을 내리면 그 결과가 아무래도 더 나을 것이기 때문입니다. 주식시장이나 자본시장이 나타난 것도 이런 이유에서였습니다.

그 결과 돈은 무리를 지어 다니게 됩니다. 이에 대한 유명한 예로는 중동의 오일 머니(oil money), 서구 투자은행들에 모여 있는 유대계 자금, 아시아에 퍼져 있는 화교계 자본, 그리고 각국 중앙은행이 조성한 국부 펀드를 들 수 있습니다.

내가 가진 돈을 성장시키려면 그러한 큰돈의 무리들이 어디로 어떻게 투자되고 흘러가는지를 잘 파악해야 합니다. 전 세계 자본시장을 움직이고 기업들의 가치에 큰 영향을 주는 것이 바로 그 무리들이기 때문입니다.

둘째, 인간의 속성을 이해하라

지난 30년간 전 세계에서는 여덟 건 정도의 대규모 금융위기가 발생했습니다. 한국에 직접적 영향을 끼친 것은 그중 절반에 불과하기 때문에 우리가 잘 모르는 것도 있지만, 그 여덟 가지를 나열해 보면 다음과 같습니다.

1980년대 초: 미국에서 발생한 저축대부조합[Savings & Loan] 위기
1989년: 미국의 블랙먼데이(Black Monday)에서 시작된 실물경제 위기
1994년: 페소화의 가치폭락으로 발생한 멕시코 페소화 위기
1998년: 한국을 비롯한 아시아에서 발생한 외환위기
2001년: 미국의 닷컴 버블 붕괴로 인한 위기
2008년: 미국의 리먼 브라더스의 부도로 촉발된 글로벌 금융위기
2010년: 남유럽에서 시작된 유럽 재정위기
2015년: 중국의 경착륙 위기

이 목록을 보면 위기가 거의 주기적으로 발생함을 알 수 있습니다. 그렇다면

그 원인은 무엇일까요? 여러 중요한 원인이 있겠지만 근본적인 것 중 하나는 인간의 속성과 관계가 있습니다.

행동재무학 분야에서는 욕심[greed]과 공포[fear] 때문에 발생하는 자산 가격의 과도한 상승과 하락의 사이클이 이런 위기를 주기적으로 일으킨다고 이야기합니다. 인간의 욕심이 과해지면 투자가 아닌 투기 수요가 시장에 유입되어 자산 가격이 정상가 이상으로 지나치게 높아지는 것, 또 인간이 느끼는 공포로 인해 자산 가격이 정상가 이하로 지나치게 폭락하는 것이 그 예입니다.

또한 지난 30년간 자산 가격은 비슷한 원인으로 인해 유사한 변동 패턴을 보여왔는데 이는 인간의 속성이 변하지 않는다는 증거에 해당합니다. 다시 말해 앞으로도 자산 가격은 지금까지와 동일한 원인으로 인해 과도하게 위쪽 혹은 아래쪽으로 움직일 것이란 뜻이지요. 때문에 인간의 속성에 대한 깊은 이해는 자본시장에서 일어나는 일들을 올바르게 해석 및 예측할 수 있는 기반이 됩니다.

그 외에도 우리 인간에겐 남의 말에 쉽게 현혹되는 팔랑귀 속성, 남이 아무리 옳은 말을 해도 자신의 생각과 맞지 않으면 귀를 기울이지 않는 우매한 속성도 있습니다. 또 떼거리 효과[herd effect], 즉 자신의 주관에 따라 판단하고 움직이기보다는 주변 사람들의 생각과 말에 영향을 받아 잘못된 의사결정이나 행동을 하는 경우도 빈번합니다. 홀로 외로운 길을 가는 것이 두렵다 보니 남들을 따라 하는 속성은 자본시장 내에서의 자산 가격 변동에 영향을 미치는 요인입니다.

2020년 이후 한국에서 일어난 동학개미, 서학개미 운동이라는 것도 엄밀히 말하자면 인간의 여러 속성들이 한데 어우러져 빚어진 결과입니다. 집단에 속해야만 마음이 편해지는 속성, 주변의 압박과 시선을 의식하는 속성, 사촌이 땅을 사면 배가 아픈 속성은 물론 팔랑귀와 우매함이 동시에 발현되는 점, 이성보다는 욕심과 공포에 더 큰 영향을 받는 점 등이 상호작용을 일으켜 '○○ 운동'이라는 큰 흐름을 만들어낸 것이지요.

이렇듯 인간의 속성은 주식시장이라는 작은 무대에서부터 전 세계적 경제위기라는 큰 무대에 이르기까지 그 영향력을 미치지 않는 곳이 없습니다. 투자는 결국 인간이 자본으로 하는 행위입니다. 따라서 인간 속성에 대한 이해는 자본에 대한 이해만큼이나 성공적인 투자에 반드시 필요한 요소입니다.

셋째, 자신의 기질을 알고 수정하라

투자에 성공한 다양한 사람들을 오랫동안 접해오면서 제게 항상 드는 의문 하나가 있었습니다. 투자를 열심히 공부하는 사람들은 세상에 정말 많습니다. 투자 관련 지식들을 차곡차곡 쌓아갈 뿐 아니라 여러 이론과 실제 사례도 연구하고, 전문가들의 다양한 의견과 보고서를 참조하면서 이성적이고 냉철한 투자를 시도하지요. 하지만 모든 이들이 투자에 성공해 큰 수익을 내는 것은 아닙니다. 과연 그 이유는 무엇일까요?

제가 내린 결론 중 하나는 '투자에 성공하는 사람들에겐 일반인들이 갖지 못한 독특한 기질이 있다'는 것이었습니다. 그러므로 우리는 자신이 어떠한 기질을 갖고 있는지 정확히 이해하고 판단할 수 있어야 합니다.

투자를 대하는 우리의 마음가짐은 투자에 성공한 사람들의 마음가짐과 같을까요? 다르다면 어떤 점에서 그러할까요? 그들의 모습을 닮으려면 우리는 어떤 노력을 어떻게 기울여야 할까요? 이런 점들을 파악하고 나면 자신이 공부하고 판단한 바에 따라 전략을 세우고 실행함으로써 원하는 규모의 수익을 실현할 수 있습니다.

활동 1 | 윗글에서 재정독립을 성취할 수 있는 요건을 찾아 정리하고, 경제적 자립의 구체적 방법을 모둠별로 제시해 보자.

요건	
경제적 자립의 방법	

활동 2 | 위의 활동을 바탕으로 경제적 자립에 대한 프레젠테이션을 모둠별로 해 보자.

종 합 활 동

1. 졸업 후 희망하는 진로를 정하고 이를 위해 준비해야 하는 항목을 긴급도와 중요도에 따라 작성해 보자.

■ 희망 진로 : _____

중요하지 않지만 급한 일	중요하고 급한 일
중요하지 않고 급하지 않은 일	중요하지만 급하지 않은 일

↑ 긴급도

→ 중요도

2. 〈보기〉를 참고하여 위의 활동 내용을 어떻게 실행해 나갈지 구체적으로 설계해 보자.

> **보기**
>
> 긴급도 측면에서는 '중요하지 않지만 급한 일', '중요하고 급한 일'을 먼저 할 수도 있고, 중요도 측면에서는 '중요하고 급한 일', '중요하지만 급하지 않은 일'을 먼저 할 수도 있다. 유연하게 순서를 정하는 것은 시간을 절약함과 동시에 미래를 준비하는 데 도움이 된다.

실행 순서	
실행 방법	

제3장 사유와 성찰

제3장 사유와 성찰

근래 사람들이 인문학에 관심을 가지면서 인문학 관련서들이 많이 등장하고 있지만, 학문으로서의 인문학은 점점 멀어져 가는 느낌이다. 철학의 종말, 인문학의 위기라는 말은 이제 진부하기 이를 데 없다. 자신의 존재와 현대사회의 문제에 대한 성찰을 제대로 하지 못한다면 인문학은 결국 사라질 것이다. 현실의 모순과 한계에 대한 인식은 간과하고 그저 치유의 차원 혹은 가벼운 읽을거리에 머무른다면, 결국 인문학이 사라질 것이라는 우려는 현실이 될 것이다.

사유와 성찰에 대한 문제는 '인문학이란 무엇인가'에서 출발한다. 인문학이란 인간에 대한 학문이고 인간을 위한 학문이라 할 수 있다. 인간에 대한 고민으로 이루어진 학문이 철학이다. 물질만능주의와 자본주의가 판을 치는 세상에서 철학은 현대인의 삶과는 관계가 없는 학문처럼 생각하기 쉽다. 그러나 철학이라는 학문은 우리의 삶과 매우 밀접하게 연관되어 있다. 철학은 '나는 누구이며 어떤 삶을 살아야 하는가' 등 끊임없이 인간을 향해 질문을 던지고 있다.

이 장은 인문학적 사유와 성찰을 도모할 수 있도록 구성하였다. 「연암 박지원, '법고창신'의 길을 열다」는 조선 문장가의 미학적 근원 탐구에 대한 이야기이다. 실학 시대 연암 박지원은 '법고창신'을 통해 글이 세상을 바꿀 수 있다고 믿었다. 이러한 믿음은 실학사상을 낳았고 새로운 시대를 열게 되었다는 점을 말하고 있다. 「철학, 과학, 종교, 예술의 관계」는 철학이 현실과 동떨어진 학문이 아니라 우리 현실과 직결되어 모든 사람에게 관계되는 학문임을 말하고 있다. 「인문학의 거울로 비춰 본 나」에서는 나를 되돌아보고 이해하고 해석하는 방법으로서 끊임없이 스스로에게 질문하게 하고, 이것을 글로 표현해 보도록 유도하고 있다. 「죽음은 독배인가, 묘약인가?」에서는 어쩌면 불편하고 마주 대하기 싫은 주제인 '죽음'에 대해 다루고 있다. 강의형식으로 꾸며진 내용은 어려운 주제를 부담 없이 읽도록 하면서 우리가 잘 알지 못했던 죽음에 대해서 재인식할 수 있는 시간을 마련하였다. 이 장은 사유와 성찰이란 우리 삶에서 멀리 있는 것이 아니고, 우리 삶과 깊숙이 관련되어 있다는 것을 인식하는 기회가 될 것이다.

연암 박지원,
'법고창신'의 길을 열다

백승종

박지원의 『연암집』(제1권)을 읽다가 나의 눈길이 「초정집 서문(楚亭集序)」에 닿았다. 숨 쉬는 것도 잊을 만큼 글 속으로 빠져들었다. 왜 그랬는지 설명하는 것은 조금 나중으로 미뤄두고, 그 첫 대목을 함께 읽어보자고 부탁하고 싶다.

> 문장을 어떻게 쓸 것인가? 전문가들은 주장하기를, '법고(法古: 옛 문물을 본받음)' 해야 한다고 말한다. 그 바람에 세상에는 옛글을 모방하고 본뜨면서도 부끄러워하지 않는 사람들이 생겨났다. 왕망(王莽)[1]의 『주관(周官)』으로도 예악을 제정할 수 있고, 양화(陽貨)가 공자와 얼굴이 닮았다고 하여 만세의 스승이 될 수 있다는 주장인 셈이다. 어찌 '법고'를 해서 될 일인가.
> 그러하면 '창신(刱新: 새로 만듦)'이 옳지 않을까. 이런 생각 때문에 세상에는 괴상하고 허황한 문장을 지으면서도 두려운 줄 모르는 사람들이 나타났다. 이는 세 발의 긴 장대(법가의 엄한 명령을 상징)가 국가 재정에 기틀이 되는 도량형보다 낫고, 이연년(李延年, 한 무제 때의 음악가)의 신성(新聲: 유교 전통과는 다른 새로운 음악)을 종묘 제사에서도 사용할 수 있다는 말이 된다. 이러고서야 어찌 '창신'을 해서 될 일인가.

박지원은 이렇게 글을 잘 쓴다. 문장을 어떻게 쓸 것이냐고 물음을 던지더니, 우리를 이러지도 저러지도 못할 궁지로 몰고 간다. 법고도 창신도 모두 어렵다면 이제 어떻게 해야 하는 것일까. 문장가 박지원이 오랫동안 고민한 문제가 바로 이것이었을 것이다. 박지원은 한 가지 해결책을 제시했다.

---

1 중국 전한 말 황위를 찬탈하고 신(新)을 건국했다. 여기서는 유교 도덕에 비추어 어긋난 왕을 뜻한다.

> 창신을 하겠다며 엉뚱한 재주를 부리기보다는 차라리 법고에 매달리다가 고루해지는 편이 나을지도 모르겠다.

「초정집 서문」을 읽어보면, 이런 주장을 펴기 하루 전날 밤에도 박지원은 제자 박제가와 과연 올바른 글쓰기란 무엇인지를 두고 밤새 토론했다. 그러다가 드디어 날이 밝아오자 스승 박지원은 지난밤에 두 사람이 주고받은 이야기를 정리하여 서문으로 꾸민 것이다.

이 글은 제자 박제가의 문집 『정유문집』(제1권)에 「서(序)」라는 제목으로 실려 있기도 하다. 두 글을 비교해보면 약간의 차이가 보인다. 박지원이 문집에서 '법고(法古)'라고 쓴 것을 박제가는 '학고(學古)'라고 표현했다. 자잘한 차이는 또 있다. 『정유문집』에는 박제가의 나이가 열아홉이라고 되어 있으니, 본래의 서문은 우리가 『연암집』에서 읽은 최종본보다 4년 먼저(영조 44년, 1768) 작성되었음을 알 수 있다. 처음에 박지원은 문장의 작성 원리를 '학고'와 '창신'으로 나누었는데, 후일(영조 48년, 1772)에 이를 '법고'와 '창신'으로 고친 것이었다.

이 글을 시작하면서 나는 글맛이 너무 좋아 숨소리도 내지 못할 정도였다고 말하였다. 과장된 표현이겠으나, 그 정도로 흥미로웠다는 말이다. 그 이유를 다음과 같이 셋으로 나누어서 간단히 적어보겠다.

첫째, 연암 박지원이 개성적인 문장을 쓰기 위해 많은 노력을 기울였다는 점이 눈에 들어왔다. 16세기에 조선의 삼당시인은 자신들의 작품이 마치 당나라의 시문인 듯 보이게 하려고 노심초사하였다. 개성은 별로 중요하지 않았다. 점필재 김종직 이후로 조선의 문장가들은 성리학에 몰입한 나머지 보편성을 강조하며 모범 답안을 작성하기에 바빴다. 그들은 작가의 독특한 취향을 드러내기보다는 시대가 선호하는 미의식에 맞춰서 담담하고 평범하면서 격조 있는 글을 생산하는 것이 목적이었다.

그러나 17세기에 교산 허균이 나타나서 작가의 개성을 가치 있는 것으로 만들었다. 연암 박지원에 이르러서는 개성 있는 글쓰기가 평생의 화두로 승격되었다. '법고창신'이라는 새로운 미학적 지향점이 마련된 것이다. 이는 조선의 문화계에 신풍조가 일어났다는 산 증거이다. 그런 점에서 박지원의 이 글은 하나의 역사적 이정표라고 평가해도 좋을 것이다.

둘째, 나는 이 글에서 박지원의 날카로운 문화 비평적 시각을 발견했다. 그는 자신의 시대와 비교적 근접한 중국 명나라의 문단 실정을 마치 손금 들여다보듯 정확하게 읽었다. 명나라에서는 법고파와 창신파가 일대 혼전을 벌였는데, 끝까지 귀일점을 찾지 못하고 공멸하였다. 박지원은 이러한 상황에 주목하여 문학에 새로운 지평을 열고자 했다. 그가 비판적인 관점에서 이웃 나라의 문예사조를 비평하였다는 사실이 매우 인상적이다.

박지원이 법고창신이란 새로운 문장론을 주장한 사실은 동아시아의 문예사적 사건이었다. 그에게는 동아시아의 문학사를 꿰뚫는 역사적 통찰이 있었다. 박지원은 수백 년 동안 조선 문화계를 지배한 김종직의 문장 미학을 구체적으로 거론하지 않았으나, 법고창신이란 새 지표를 제시하였다. 김종직의 미학 따위는 굳이 거론할 가치도 없었다는 뜻으로 해석할 수도 있겠다. 이 어찌 흥미롭지 않은가.

끝으로, 나는 이 글에서 장차 조선 사회에서 일어날 문화투쟁의 서막을 보았다. 연암 박지원이 법고창신의 기치를 펼쳐 든 지 20년쯤 흐른 뒤, 정조는 문체반정을 본격적으로 시작한다. 조선 후기의 문예부흥을 꾀한 것으로 정평이 있는 우리의 자랑스러운 왕 정조. 그는 당송팔대가로 소급되는 고전 문체의 중요성을 강조하며 조선 문화계에 복고풍을 강요한다. 정조가 보기에 연암 박지원의 대표작 『열하일기』는 최우선적으로 수정해야 할 나쁜 문체의 전형이었다.

알다시피 정조가 고전 문체를 고집한 것은 문장만의 문제가 아니었다. 그것은 국가 이념에 관계되는 중대한 사안이었다. 왕은 성리학적 규범에 충실한 조선 사회를 재건하고자 했다. 그런 점에서 박지원과 박제가를 포함한 신지식인들에게 정조의 문체반정은 문화적 반란이요, 보수 반동과의 결전을 뜻했다. 박지원은 이 고비를 어떻게 넘겨야 할지 고민하게 될 것이었다. 나는 박지원의 「초정집 서문」을 읽으며, 아련히 피어오르는 화약 연기를 맡는 듯한 느낌이 들었다. 이처럼 위대한 문장이란 보이지도 들리지도 않지만 엄연히 실존하는 포성이기도 하다.

활동 1 | 윗글을 참고하여 박지원의 법고창신과 정조의 문체반정에 대해 더 조사하여 정리해 보자.

법고창신	문체반정

활동 2 | 현대사회에서 법고창신에 해당하는 사례를 찾아 소개해 보자.

....
....
....
....
....
....
....

제3장 사유와 성찰 · **87**

철학, 과학, 종교, 예술의 관계

강대석

일반적으로 우리는 철학이란 말에서 현실과 유리된 추상적이고 난해한 학문을 연상하기 쉽다. 그러나 철학은 결코 현실과 유리된 학문이 아니다. 흔히 철학자들이란 명상의 날개를 펴면서 고독한 산책이나 즐기는 한가한 사람들이라고 오해하기 쉽다. 그러나 그것은 철학과 철학자들에 대한 잘못된 견해이다. 이러한 잘못된 견해를 만들어 준 데 대한 책임이 적어도 철학자 자신들에게 있었다는 사실을 우리는 부인할 수 없다. 예컨대 실학 이전의 조선 유학은 대부분 공리공론으로 치우쳤으며, 특히 당쟁과 사화는 철학자들의 은거를 조장하여 철학을 일상적인 사람들로부터 유리시킨 원인이 되었다.

과거 일제 식민지시대의 철학은 관념론적이었다. 당시 철학을 공부한 대부분의 학생들은 지주의 아들들이었기 때문에 이들은 당시 독일 관념론의 영향을 받고 있던 일본의 독일 관념론 철학의 영향으로부터 벗어날 수 없었다. 물론 예외는 있었지만 이들이 배운 것은 주로 순수한 학문으로서의 철학이었다. 철학은 잡다한 현실을 초월한 순수하고 고귀한 학문으로서 지식인들에게 그 자체만으로도 만족할 수 있는 어떤 근거를 제시해 주는 것처럼 생각되었다. 왜 이러한 순수한 철학이 강조되었는가에 대한 충분한 이유가 있다. 만일 철학이 순수한 이론 자체로 머물지 않고 현실과 직결되는 실천적인 학문이라는 사실이 파악될 때 지식인들은 먼저 우리 조국의 현실에 눈을 돌리고 현실적으로 가장 급박한 과제인 독립운동에 가담했을 것이기 때문이다. 철학의 순수성을 강조함으로써 일본적인 관념론의 철학은 한국의 지식인들을 현실로부터, 곧 사회·정치문제로부터 눈을 돌려 공허한 관념 속에 안주하도록 유도하였다. 불행하게도 해방 후 우리나라의 철학계를 주도한 많은 사람들이 일제의 이러한 교육을 받고도 그 내막을 간파할 수 없었던 것은 바로 철학의 현실감각을 흐리게 만드는 결과를 초래하였다.

그러나 참다운 철학은 결코 현실과 동떨어져 있지 않다. 물론 우리가 현실에 무조건 만족하여 아무런 문제를 느끼지 못하고 살아갈 때 철학적인 물음이나 요구는 발생하지 않는다. 일단 현실을 부정하고 비판적인 눈으로 그것을 바라볼 수 있는 태도가 철학적인 사고의 첫 단계이다. 그러나 현실을 부정한다고 해서 현실을 떠나거나 현실과 유리된다면 그것은 현실도피는 될 수 있어도 철학적인 태도는 아니다. 일상적인 현실을 부정한 후에 우리는 다시 현실로 돌아와 경험과 지식을 총동원하여 현실을 변화시켜야 하며 이러한 실천적인 활동 속에 비로소 철학의 참된 과제가 성취되는 것이다. 그러므로 철학은 한가한 사람들의 지적인 유희가 아니라 너무나도 복잡한 현실 문제에 직면하여 실천적인 용기를 갖고 대결하는 사람들의 진지한 과제이다. 이런 의미에서 독일의 철학자 야스퍼스(Karl Jaspers, 1883~1969)는 "어중간한 철학은 현실을 떠나지만 진정한 철학은 현실로 돌아온다"라고 말하였다.

우리는 이제 철학이 발생하게 된 과정을 살펴봄으로써 철학이 왜 현실과 직결된 학문인가를 밝혀보기로 하자.

철학적인 물음은 인류가 존재하고 있었던 모든 시대와 장소에서 나타났다고 할 수 있다. 왜냐하면 현실을 파악하고 개조하려는 노력이 바로 인간의 특성이기 때문이다. 역사적인 기록에 의하면 철학은 기원전 5세기경의 고대 그리스에서 비롯된다.

철학적인 사유가 발생할 때까지 그리스인의 의식을 지배하고 있었던 것은 신화(神話)였다. 신화는 그리스인뿐만 아니라 모든 인류의 원시공동사회를 지탱해

주는 생활이념이었다. 철학적인 물음이 시작된 것은 원시공동사회가 무너지고 가족과 개인의 사회의식이 형성되면서부터였다. 신화에 의거하여 모든 현상을 해석하였던 시대에는 개인의 독자적인 사유는 허용되지 않았으며 필요하지도 않았다. 동시에 사유재산이 발생하고 노동이 육체노동과 정신노동으로 분리되면서 정신노동에 종사하는 사람들이 여유를 갖고 자연과 인간을 성찰할 수 있게 된 것도 철학이 발생할 수 있는 사회적 조건이 되었다.

전통적인 신화와 거기서 발생하는 세계관에 의문을 제기하면서 비로소 철학적인 사유방식이 등장하였고 이러한 변화의 과정을 우리는 '뮈토스(Mythos, 신화)에서 로고스(Logos, 이성)로의 발전'이라고 부른다. '철학'이란 뜻의 그리스어 필로소피아(philosophia)는 사랑을 나타내는 필로스(philos)와 지혜를 나타내는 소피아(sophia)의 합성어이다. 그러므로 원래 이 말은 지혜를 사랑하는 것, 곧 애지(愛知)의 의미를 갖고 있다.

그러나 신화가 인간의 의식을 지배하는 동안은 "지혜란 무엇인가?"하는 물음은 결코 제기되지 않았다. 지혜는 신화 속에 이미 절대적인 모습으로 형성되어 있었기 때문이다. 신화와 주문(呪文) 대신에 세계와 인간의 운명에 대한 독자적인, 곧 모든 다른 권위로부터 독립된 성찰이 들어서면서 철학이 발생하였다. 사물에 대한 탁월한 관찰이나 아무도 아직까지 시도하지 못했던 판단력을 통해서 다른 사람들을 놀라게 하는 물음이 나타났다. 물론 신화가 아직 지배하고 있었던 당시에 이런 사람들의 태도는 비정상적이라고 조소를 받기도 했다. 예컨대 고대 그리스 철학의 아버지라 불리는 탈레스(Thales, B.C. 625~545)는 하늘의 별을 관찰하면서 걸어가다가 웅덩이에 빠져 주위 사람들의 조소를 받았다고 전해진다. 그가 신화적 사고에 젖어 있었다면 천체가 아름답고 신비하다는 감동에 휩싸였을지 몰라도 그것을 유심히 관찰하지는 못했을 것이다.

일반적으로 철학의 근원으로 '놀람'을 들고 있다. '놀람'이란 인간의 이성적인 사고가 인간이나 자연 혹은 우주의 비밀을 파헤치려 할 때 비로소 나타난다. 신화 속에서는 우주의 모든 비밀이 이미 해답되어 있기 때문에 인간이 놀라는 마음으로 그 근원을 파헤칠 필요가 없다. 무엇에 놀란다는 것에는 그것의 본질을 합리적으로 규명하려는 의도가 이미 숨겨져 있으며, 합리적인 파악은 곧 합리적인 변혁의 전제가 된다. 헤겔(G. W. F. Hegel, 1770~1831)은 신화를 스스로에 의지할 수 없는 "사고의 무력함"이라고 표현하였다. 사고의 무력함이란 바로 인간 정신의 미성숙한 상태를 나타낸다.

신화적인 사고를 벗어나 인간과 자연을 그 자체의 법칙에 따라 해석하려는 태도는 과학의 정신이기도 하다. 실제로 그리스 초기의 자연철학에서는 과학과 철학이 서로 혼합되어 있었다.

이제 우리는 철학과 다른 문화영역인 과학, 종교, 예술 등을 비교해 봄으로써 철학의 본질을 더 자세히 규명해보려 한다. 철학의 내용은 시대와 장소에 따라 늘 변화되어가기 때문에 철학의 엄밀한 정의는 그 자체만으로 가능하지 않다.

철학은 하나의 학문이다. 모든 학문은 그것이 연구하는 대상을 갖고 있다. 철학이 연구하는 대상이란 무엇인가? 한마디로 '모든 것'이라고 말할 수 있다. 연구하는 대상의 총체성 때문에 철학은 일반과학과 구분된다. 과학은 일정한 대상을 집중적으로 탐구한다. 예컨대 생물학은 생물현상을, 물리학은 물리현상을, 그리고 사회학은 사회현상을 집중적으로 연구한다. 이에 비하여 철학의 연구대상이 되지 않는 것은 아무것도 없다고 말할 수 있다. 인간과 자연, 사회와 우주, 심지어는 초자연적인 문제, 예컨대 '무(無)란 존재하는가?' '죽음이란 무엇인가?' '인간의 영혼은 불멸인가?' 등의 형이상학적인 문제도 그 연구대상이 된다. 그렇다고 해서 철학의 과제가 일반과학이 연구하는 모든 지식을 단순히 종합하는 데 있는 것은 아니다. 그것은 불가능한 과제일 뿐만 아니라 철학의 본령과도 어긋난다.

철학은 과학이 제공하는 모든 지식을 이용하여 인간의 삶이 지향해야 할 전체적인 방향을 제시해 주는 역할을 한다. 철학은 결코 과학과 분리되지 않는다. 과학 없이 철학은 한 발자국도 나아갈 수 없다. 과학을 떠난 철학은 사변적이고 주관적인 환상에 머물기 쉽다. 이런 의미에서 종종 철학은 항해 중의 나침반에 비유되기도 한다. 배를 움직여 가는 것은 과학적인 기술과 그것을 유도하는 전체적인 방향감각이다.

어중간한 철학은 상식이나 상상에 의거하지만 진정한 철학은 과학적인 토대를 밑받침으로 한다. 과학이 어떤 특수한 영역에 국한하여 그 영역을 연구하고 거기서 나오는 전문적인 지식을 우리의 삶에 유용하게 쓰이도록 도와준다면, 철학은 특수한 영역의 연구보다 전체적인 연관성을 중시하면서 그 법칙과 의미를 제시하려고 노력한다. 전체는 부분의 통합을 넘어서는 경우가 있다. 철학은 과학의 통합이 아니라 과학의 의미를 밝혀주는 역할을 한다. 특히 인간의 문제, 사회의 문제, 현실파악의 문제 등에서 철학은 과학이 할 수 없는 기능을 발휘하고 있다. 왜냐하면 인간, 사회, 현실 등은 여러 가지 요인에 의하여 규정되는 가변적이고 복합적인 대상이기 때문이다.

그러므로 철학은 과학이 줄 수 없는 세계관을 제공한다. '세계관'이란 세계에 대한 총체적인 관점 혹은 견해이다. 많은 경우에 과학자들은 스스로의 연구가 인간의 행·불행에 미치는 영향을 간파할 수 없었다. 이는 과학의 의미와 한계를 제시해 주는 철학을 갖지 못했기 때문이다. 그러나 또한 많은 철학자들도 그들 스스로의 공리공론에 빠져들었다. 철학의 기초가 되는 과학적인 지식을 외면했기 때문이다. 오늘날 철학은 특히 사회학·정치학·경제학의 지식들을 도외시할 수가 없게 되었다. 복합화된 사회현상으로부터 눈을 돌릴 때 어중간하고 공허한 철학이 되기 때문이다.

삶의 문제에 대한 포괄적인 해답을 추구하고 제시해 주는 것은 비단 철학뿐만이 아니다. 가장 가까운 예가 종교이다. 종교도 인간의 삶에 대한 올바른 방향을 제시해 주려 한다. 그러나 종교에서는 이미 절대적인 진리가 계시를 통하여 주어진 반면, 철학에서는 인간 스스로 독자적인 힘을 통하여 그 진리를 찾아가는 데 양자의 구분이 있다. 계시된 진리의 내용을 이성으로 분석하고 비판하려는 사람은 종교를 갖기 힘들다. 종교에는 무조건 믿어야 되는 진리가 확정되어 있기 때문이다. 종교가 믿음을 강조한다면 철학은 이성적인 사고를 강조한다.

철학에서는 절대적으로 타당한 고정된 진리는 존재하지 않는다. 무수한 철학자들이 나름대로 진리를 주장했지만 모두 후세 사람들에 의하여 비판되고 극복되었다. 과학의 발전을 기반으로 그 토대 위에서 진리의 내용을 새로이 구축하는 점에서도 철학적인 삶은 더 어려운 길이며 동시에 더 많은 보람을 줄 수도 있다.

예술도 삶을 옳게 이해하고 그 개선방향을 제시해 주는 점에서 철학과 멀지 않다. 실제로 많은 예술가들이 탁월한 안목으로 인생관을 제시하고 있다. 그러나 철학은 하나의 학문이기 때문에 논리적인 개념[Begriff]을 사용하지만 예술은 비유나 상징 등의 비논리적인 형상[Bild]을 사용한다. 철학은 이성에 호소해서 우리를 확신시키려 하고 예술은 감정에 호소해서 우리를 감동시키려 한다. 때로 예술이 철학보다 훨씬 더 강렬한 작용을 하는 것은 바로 이 때문이다.

철학과 종교와 예술은 다 같이 전체적으로 삶의 의미를 제시해주는 점에서 과학과 구분된다. 그러나 이 가운데서도 철학은 과학을 밑받침으로 하여 과학적인 방법을 사용하는 점에 있어서 종교나 예술과 구분된다. 때로 이 영역들이 뒤섞여 있는 경우가 있는데, 예술적 철학이라든가 철학적 예술 혹은 종교적 철학, 종교적 예술 등이 바로 그러한 예이다. 그러나 그렇다고 해서 이들 각 영역의 본래적이고 독자적인 관점이 소멸되는 것은 아니다.

철학 속에서도 그 연구 분야가 세분된다. 이는 삶이라는 현상이 여러 가지로 나뉘는 것과 같다. 우선 세계의 근거가 되는 존재(存在)문제를 연구하는 존재론이 있다. 존재가 종래의 철학에서는 가시적인 세계를 초월한 어떤 것으로 간주되기 때문에 존재론은 종종 형이상학과 일치하는 개념으로 사용되었다.

유물론과 관념론은 존재론을 크게 두 방향으로 갈라놓았다. 그러나 존재를 파악하기 위해서 우리는 우리 앞에 나타나는 대상을 우선 인식해야 하며 그러므로 존재론은 인식론과 결부된다. 근세철학에서는 인식론이 철학의 핵심영역으로 등장했다. 인식론에서 중요한 문제는 인간의 주관이 선험적으로 대상을 구성하느냐 아니면 대상 자체가 우리의 의식에 반영되느냐이다.

그러나 모든 경우에 철학은 올바른 사유방법의 적용을 전제로 한다. 아무리 탁월한 내용의 철학이라도 논리적으로 맞지 않는다면 설득력을 상실한다. 그러므로 철학하는 데 필수 불가결한 무기가 바로 논리학이다. 심리학이 사고의 발생과정이나 내용을 문제삼는다면 논리학은 내용보다도 오히려 올바른 사유형식을 다룬다. 논리학은 철학에서 뿐만 아니라 스스로 사유한 것을 옳게 표현하려는 모든 사람에게 필요한 도구가 된다.

인간은 언제나 사회를 떠나서 살 수는 없다. 다른 사람과 함께 살아간다. 그렇기 때문에 사회생활을 올바르게 유지해 나가기 위해 도덕을 필요로 한다. 인간의 도덕활동에서 요구되는 근본원리를 탐구하는 것이 바로 윤리학이다. 윤리학은 선과 악의 근거와 기준이 어디에 있는가, 사회적 규범의 타당성이 어디에 있는가, 도덕은 왜 시간과 장소에 따라 변해야 하는가, 혹은 변하지 않아야 하는가 등의 문제를 추구한다.

보통 미(美)에 대한 학문이라고 오해되기 쉬운 미학도 철학에서 연구되는 학문이다. 미학은 '감성적 지각에 관한 학문'이며 미 현상과 예술 현상을 종합적으로 연구한다는 의미에서 예술철학을 포함한다.

그밖에 역사의 발전법칙이나 동인을 연구하는 역사철학, 사회구조 및 그 현상을 포괄적으로 연구하는 사회철학, 그리고 언어철학과 종교철학 등이 철학에서 연구되는 주요 분야이다.

결국 철학은 원하든 원하지 않든, 의식하고 있든 의식하지 못하든 간에 모든 사람에게 관계되는 학문이며 모두 나름대로 철학을 하고 있는 것이다. 우리가 철학을 학문적으로 연구하는 것은 많은 사람들의 의견을 종합해 봄으로써 개인적인 아집이나 편견을 벗어나기 위함일 뿐이다. 철학은 결코 철학자들의 전유물이 될 수 없다.

활동 1 | 윗글에서 철학과 과학, 종교, 예술의 관계를 찾아 정리해 보자.

철학과 과학	
철학과 종교	
철학과 예술	

활동 2 | 윗글에서 글쓴이가 주장하는 '참다운 철학'은 무엇인지 찾고, 그에 대한 자신의 의견을 써 보자.

- 글쓴이의 주장 : ....
....
....
....

- 자신의 의견 : ....
....
....
....

제3장 사유와 성찰 · 95

인문학의 거울로 비춰 본 나

신승환

시간, 결코 벗어날 수 없는 조건

인문학은 인간의 삶과 존재에 관계하는 학문이다. 인문(人文)이란 말은 인간 삶의 무늬[紋]와 결[理]이라는 뜻이다. 이해하고 해석하는 존재로서 인간이 살아간 무늬가 인문이며, 그의 존재와 삶을 움직이는 결이 인문이다. 그 삶이 인간의 존재를 재현하고 있기에 인문학은 삶과 존재의 재현이다. 재현으로서의 인문학은 인간의 삶과 존재를 역사적이고 현재적이며 초월적인 관점에서 다시금 드러내는 과정이다.

이러한 인문학은 먼저 시간이란 측면을 지닌다. 삶과 존재가 역사적이며 현재적이고 초월적이라는 말은 그것을 곧 시간적인 관점에서 이해한다는 의미다. 여기서 말하는 시간은 물리적인 현상이나 시계적 시간이 아니다. 그것은 우리가 살아가는 터전, 우리에게 주어진 가장 중요한 조건 중 하나이며 우리가 결코 벗어날 수 없는 제약 조건으로서의 시간이다. 이 시간은 인간을 이해하기 위해서 반성하고 되돌아보는 순간이고, 인간의 존재이해에 의해 성찰하는 시간이다. 이것을 시간과 달리 시간성(時間性)이라 부르기로 하자. 인간의 삶은 이렇게 성찰된 시간, 즉 시간성을 떠나 이해되지 않는다.

현대 철학이 해명한 중요한 과제 가운데 하나는 '모든 존재는 시간이란 지평에서 드러난다'는 사실이다. 세계 안에 존재하는 모든 사물과 사건은 시간이란 터전에서 나타나는 현상이다. 시간 속에서 드러나는 사물과 사건, 모든 존재자는 그것을 이해하고 해석하는 인간의 존재에 의해 의미를 지닌다.

우리가 인문학적 존재인 이유

인문학 없이는 인간이 존재하지 않으며, 인문학적 작업 없이는 인간이 인간일 수 없다. 이해와 해석의 이야기가 없는 인간은 공허하고 무의미한 허무적 존재일 뿐이다. 그것이 없을 때 역사는 다만 기억의 다발에 지나지 않고, 미래는 그저 다가올 시간의 다음에 지나지 않는다. 그래서 인간은 존재의 의미를 만든다.

인간을 인문학적 존재라 하는 까닭은 인간에 관한 성찰, 인간에 의한 성찰 없이는 인간이 인간으로 자리하지 못하기 때문이다. 인간은 다만 생물적 현상에 머무르는 존재가 아니라 자신의 생물학적 한계와 조건을 넘어 그것을 성찰하고 그 의미를 묻는 존재다. 이러한 성찰과 질문, 그렇게 설정한 의미 속에서 인간은 자신의 생물학적 존재를 넘어선다. '지금, 여기'에서 구체적인 삶을 살아가는 인간은 생물학적이며 인문학적 존재다. 그러한 존재로서 인간은 무엇을 생각하고 느끼며, 원하고 있는가.

노년에 이른 칸트(I. Kant)는 자신의 철학 전체를 요약하면서 결국 문제는 '인간이란 무엇인가'라는 질문이라고 말한다. '인간은 무엇을 알 수 있고, 인간은 무엇을 할 수 있으며, 인간은 무엇을 바랄 수 있는가'라는 세 가지가 그가 평생을 작업했던 철학적 과제였다. 그럼에도 이 세 가지 질문과 대답은 결국 '인간이란 무엇인가'라는 문제를 앞서는 작업이다. 즉, 인문학은 결론적으로 '자신의 존재가 무엇인지 알기 위해 인간이 벌이는 생각의 과정'이다

인간으로서 우리는 어떠한 삶을 사는 것일까? 인간이란 궁극적으로 어떠한

존재일까? 이것은 영원히 정답이 없는 질문이지만, 인간으로서는 끝까지 포기할 수 없는 질문이기도 하다. 이 질문을 어떻게 제기하느냐에 따라서, 또한 나름대로 어떠한 대답을 준비하고 있느냐에 따라서 사람의 모습도 달라질 것이다. 이 질문과 대답은 개개인마다 차이를 보일 수밖에 없다. 각자가 태어나고 자란 환경은 물론 어떠한 문화적 세례를 받았는지에 따라 좌우되기 때문이다. 신앙을 가진 사람과 가지지 않은 사람이 같을 수 없음은 분명하고, 자신이 생각하는 최고의 가치에 따라 그 삶에 차이가 생길 것은 불을 보듯 명백하다. 또한 삶을 바라보는 관점과 인간을 이해하는 나름의 생각에 따라서도 분명 이런 질문과 대답은 다르게 드러나고 다른 얼굴로 나타날 것이다.

이렇게 생각해보면 인간이란 자신이 제기하는 질문의 모양과 그에 대해 자신이 형성해가는 대답에 따라 다른 존재로 결정된다고 말할 수 있다. 어떠한 문제를 가지고 있는지, 이 문제에 대해 어떻게 응답하는지는 결국 자신이 지닌 삶과 인간에 대한 이해에서 주어질 테니 말이다. 이 이해는 전체적이지만 자신의 존재에 따라 달리 나타날 것이고, 또한 자신의 사유 작업과 성찰적 행위를 거쳐 명확히 주어지기 전까지는 비주제적이며 비명시적이라고 말할 수 있다.

그럼에도 인간은 자신의 존재에서부터 이런 물음과 문제를 가지고 있으며, 그에 따라 어떠한 형태의 대답이든 가지고 있을 것이다. 주제적이거나 명시적인 형태에서 차이가 있을망정 이런 물음과 응답을 가지지 않은 인간은 없다. 이렇게 주제적이거나 비주제적인 차이, 명시적이거나 그렇지 않은 질문과 응답의 차이가 학문으로서의 인문학과 일상적 삶으로서의 인문을 구분하는 근거가 된다.

이 물음과 문제, 이에 대한 나름의 해답과 응답은 자신의 존재에서 주어지는 것이며, 또한 그것이 자신의 존재를 결정한다. 그래서 인간은 자신에서부터 자신을 이해하고, 그에 따라 자신을 결정하는 존재다. 자기이해의 존재인 인간은 '있음'의 의미가 무엇인지를 결정하면서 그에 따라 살아간다. 이러한 물음과 응답에 대해 철학은 나름의 해답을 제시해왔다. 무엇을 믿거나 어떤 이념을 소유하는 것 역시 자신의 존재를 투신하는 행위로 이해할 수 있다. 그것은 이미 나의 인격으로 던지는 한 가지 태도의 결정이며, 궁극적으로 알고자 하는 학적인 행동임과 동시에 삶의 실천이기도 하다.

인간은 자신의 존재에 대한 이런 이해를 통해 만들어진다. 나아가 그러한 이해의 전체 지평에 근거하여 다른 사람과 생명체, 자연과 세계, 역사와 문화를 이해한다. 그에 따라 사회와 경제를 만들고, 정치와 교육을 이끌어가며, 다른 사람과의 관계와 다른 생명체와의 관계를 형성해간다. 이 모든 것 뒤에는 '있음'에 대한 물음과 응답이, 그에 대한 이해가 자리하고 있다. 그런 의미에서 인간은 철저히 존재론적이다. 이렇게 이해하고 해석하는 행위와 과정, 그 내용을 해명하는 학문을 존재론적 해석학이라 부른다.

이렇듯 인간의 존재에 대해 나름대로 생각하고, 그에 따라 걸어가는 길이 우리의 삶이자 인간의 존재 전체다. 그 길은 하늘 위 어디에선가 주어지는 이념이거나 당연히 따라야 하는 신념이 아니다. 그것은 철저히 자신의 존재에 바탕을 둔 물음에서, 그 이해와 해석에 근거해 응답하는 과정이다. 인간은 질문과 응답의 길 위에 있는 나그네이다. 나그네에게는 나그네의 삶이 있다. 나그네의 삶에 이런 응답을 할 수 있다면 그 길은 결코 외롭지 않을 것이다.

글을 읽고 쓴다는 것의 의미

인간에 대한 우리의 이해와 해석은 글쓰기를 통해 나타난다. 글쓰기는 이해의 거울이고, 글은 자신의 문제를 말로 드러내는 과정이다. 글을 쓰면서 우리는 자신 안에 숨어 있는 소리를 드러내고, 미처 알거나 듣지 못했던 나의 소리를 글을 통해 보게 된다.

글은 나의 것이되 나의 것 이상이다. 내가 모르던 소리를 말로 드러내는 과정인 글쓰기는 내 안에 숨어 있던 나를 보게 만들고, 그럼으로써 내가 보지 못했던 문제의 답을 보게 되기도 한다. 그 답은 정답이나 모범 답안이 아니라 각자에게 고유한 해답이며, 실존적 해명을 담고 있다. 글을 읽고 쓰는 것은 존재의 실현이다.

글쓰기는 전문작가가 되거나 발표하기 위한, 혹은 남에게 보이기 위한 작업이 아니다. 올곧이 인간 본성을 이루어가는 과정인 글쓰기는 타자가 아닌 자신을 위한 것이다. 나는 나를 위해 글을 쓴다. 그 글쓰기를 통해 내 안의 주제화되지 않은 실존성을 주제화하고, 숨어 있던 문제와 답을 명시적으로 드러낸다. 글쓰기는 자신의 삶을 드러내는 행위이며, 그 글로써 삶을 결집시키는 행위다. 글쓰기를 통해 우리는 우리 자신의 결핍을 보게 된다. 따라서 글쓰기는 지극히 실존적임과 동시에 존재의 성취이기도 하다.

플라톤은 "글이란 약(藥)이면서 독이 되기도 한다"라고 말했다. 기억을 보존하는 데는 글쓰기가 약이 될 수도 있지만 그와 동시에 말로 드러나는 지혜를 글 속에 가두기 때문에 독이 되기도 하는 것이다. '약'을 뜻하는 영어 'pharmacy'는 치료하거나 또는 치료하는 물질을 의미하는 그리스어 'pharmakeia', 'pharmakon'에서 유래했다. 올바르게 사용하는 독은 약이지만, 남용하거나 오용하는 약은 독이 된다.

나를 이해하고 해석하면서 이렇게 드러난 것을 글로 재현하는 작업은 성찰하는 나의 존재를 보게 만든다. 나의 존재 의미에서 드러나는 글은 나를 치유하는 약이 되며, 그 존재를 실현하는 마법이 될 것이다. 글쓰기와 읽기는 마법적인 인간 행동이다. 그러니 읽기와 쓰기는 내 존재의 거울이 아닌가.

활동 1 다음 질문에 대해 생각나는 대로 답변해 보자.

질문	답변
내가 '있다'는 의미는 무엇인가?	
나의 '있음'은 어떻게 증명할 수 있는가?	
나는 '무엇'인가?	
나는 '무엇'으로 사는가?	
나는 '무엇'을 할 수 있는가?	
나는 '어떻게' 살고 있는가?	
나는 '어떻게' 살고 싶은가?	

활동 2 위의 활동을 바탕으로 '나의 존재'에 대한 글을 써 보자.

죽음은 독배인가, 묘약인가?

장건익

안녕하세요? 수업 시작하겠습니다.

오늘 우리가 탐구할 주제는 '죽음'입니다. 우리 강의뿐 아니라 철학에서도 마지막으로 넘어야 할 산이 바로 죽음입니다. 죽음은 철학에서 가장 어려운 주제이기도 하고 반드시 해결해야 할 문제이기도 합니다. 어떤 철학자는 이 문제를 해결하지 못한 철학자는 철학자가 아니라고 말할 정도로 철학적 의미와 가치를 지닌 문제입니다. 철학자들이 이처럼 죽음의 문제를 중요시하는 이유는 이 문제를 극복하게 될 때 우리에게 얻어지는 것이 그만큼 많기 때문입니다. 철학자들은 죽음을 올바로 알 때 삶을 올바로 이해할 수 있고, 죽음의 공포에서 해방된 자만이 참 자유인이라고 말합니다.

죽음에 관한 자료를 조사하다가 인터넷에서 재미있는 글을 보았습니다. 소개해 보겠습니다. "사람들이 죽음에 대해 아는 것은 다섯 가지다. 첫째, 누구나 죽는다. 둘째, 순서가 없다. 셋째, 아무것도 가져가지 못한다. 넷째, 아무도 대신할 수 없다. 다섯째, 경험이 불가능하다." 다 맞는 말이죠? 하나도 틀린 말이 없습니다. 누구나 죽고, 언제 죽을지 아무도 모르고, 아무것도 가져갈 수 없으며, 누구도 대신할 수 없습니다. 그리고 단 한 번밖에 일어나지 않는 일회성의 사건이 죽음입니다. 말하자면 살아 있는 사람은 죽음을 경험할 수가 없습니다. 죽음은 이토록 매우 특이한 것입니다.

여기에 사족처럼 한마디를 덧붙여 보자면 죽음은 매일 그리고 도처에서 일어난다는 것입니다. 그럼에도 사람들이 애써 외면하고자 하는 것이 죽음이라는 현상입니다. 문제는 바로 이것입니다. 우리는 죽음을 외면하고 싶어 한다는 것입니다. 죽어가고 있는 사람도, 그것을 바라보는 사람들도, 그리고 그 죽음을 처리해야만 하는 사람들도 모두 죽음을 꺼림칙하게 생각하고, 할 수만 있다면 그것에서 도망가고 싶어 합니다. 왜 사람들은 매일 그리고 도처에서 일어나고 있으며 아무리 애를 써도 부정할 수 없는 자연의 현상인 죽음에 대해 그토록 거부감을 가지고 있는 것일까요? 우리가 죽음에 대해서 무언가 잘못 알고 있는 것은 아닐까요? 죽음은 우리에게 피할 수 없는 것입니다. 그렇기 때문에 저는 살아생전에 최소한 한번쯤은 이 문제와 대면해야 하는 것이 자신의 삶에 대한 의무라고 생각합니다. 오늘 이 문제를 여러분과 함께 풀어보고자 합니다. 오늘 받으신 글을 읽고 나서 계속하겠습니다.

1. 삶에게 가장 큰 미스터리는 죽음이다. 왜냐하면 죽음은 자신의 부정이기 때문이다. 삶은 죽음을 이해할 수가 없다. 왜냐하면 그것은 모든 것의 끝을 의미하기 때문이다.
2. 죽음으로 나의 삶은 끝난다. 나는 소멸되고 무(無)가 된다. 모든 것이 끝난다는 것이 가능한 것인가? 모든 것이 끝난다는 것은 도저히 상상이 되지 않는다. 그래서 삶은 어찌할 바를 모르는 것이다. 두렵고 무서울 뿐이다. 죽음은 무에 대한 공포이다.
3. 살아 움직이던 것이 딱딱한 것으로 변하고 얼마 지나지 않아 썩어서 사라지는 것. 이것을 어떻게 받아들일 수가 있단 말인가? 나와 함께 대화했고, 같이 식사했던 사람을 이제 다시는 볼 수 없다는 현실을 어떻게 받아들일 수가 있겠는가?
4. 이러한 현실에 삶이 대처하는 유일한 방식은 그것을 외면하는 것이다. 최대한 보지 않고 생각하지 않는 것이다. 삶이 할 수 있는 것은 이것뿐이다. 죽음 자체를 부정할 수는 없다. 아니 부정이 안 된다. 그렇다면 내가 할 수 있는 일은 도망치는 것뿐이다. 삶은 이렇게 생각하고 있다.
5. 하지만 죽음은 도처에서 출몰한다. 시간도 죽음의 편이다. 그는 어디에서 나타날지 모른다. 죽음은 필연적 가능성이다. 삶은 죽음의 적수가 되지 않는다.

존재의 소멸. 말하자면 숨이 멎고, 몸이 딱딱해진 후, 썩어서 해체되는 것이 사람들이 생각하는 죽음입니다. 또한 죽음은 육체의 주인에게 부여되었던 사회적 자아[social ego]의 모든 기능을 정지시켜 버립니다. 그는 직장에 나갈 수도 없고, 지하철을 탈 수도 없으며, 그 누구도 그에게 전화할 수 없습니다. 그의 가족들도 더 이상 그와 대화를 나누거나 함께 밥을 먹을 수 없습니다. 그는 기억과 기록 속에서만 존재하게 됩니다. 이제 그는 이 세상 어디에도 존재하지 않는 사람입니다. 자신이 사랑했던 사람과 영원히 만날 수 없다는 생각은 정신이 도저히 감당할 수 없는 충격이자 재난입니다.

우리의 정신은 변화에 대해서는 익숙하고 그것에 나름대로 대처해 왔습니다. 하지만 존재의 소멸이라는 것은 정신이 다룰 수가 없는 소재이어서 정신에게는 너무나 막막한 것입니다. 도무지 생각을 할 수가 없습니다. 왜냐하면 무에 대해서는 어떤 생각도 할 수 없기 때문입니다. 한마디로 존재의 소멸은 정신에게 황당한 일입니다. 그래서 사람들에게 죽음은 두렵고 무서운 것으로 다가옵니다. 특히 자신이 소멸되어 없어진다고 생각하면 강한 공포가 밀려옵니다. 자신의 소멸이라고 하는 것은 정신에게는 이해할 수 없는 불가해한 현상입니다.

이처럼 죽음은 불길한 일이고, 회피하고 외면하고 싶은 꺼림칙한 사건입니다. 또 어떤 사람들은 죽음을 하나의 심판이거나 처벌처럼 받아들입니다. 그래서 현대 사회에서 죽음에 대해서 생각하거나 대화하는 것은 모두가 암묵적으로 동의하는 금기입니다. 사람들은 죽음에 대해서 생각하려 하지 않고 이야기도 하지 않습니다. 그렇지 않나요? 왜냐하면 그들이 알아채고 있지는 못하겠지만, 존재의 소멸이라는 것은 정상적인 사고로 다룰 수 있는 한계 너머의 것이기 때문입니다. 말하자면 존재의 소멸로 정의된 죽음의 관념 자체는 죽음에 대해 더 이상 생각할 수 없게 만드는 정의입니다. 이러한 정의는 죽음이 삶의 울타리이며, 우리는 그 울타리 안에서 일어나는 일에 대해서만 이야기할 수 있다는 신념을 바탕으로 하기 때문입니다. 죽음에 대한 정의는 단지 죽음에 대한 정의만이 아닙니다. 그것은 동시에 '삶과 사고의 한계'에 대한 정의인 것입니다.

하지만 사람들이 회피하려고 해도 언젠가는 죽음이 도래하고 그것에 대해서는 어떠한 대책도 없습니다. 죽음은 필연적인 것입니다. 그것은 언젠가는 반드시 일어납니다. 인간으로 태어난 이상 죽음을 피할 수는 없습니다. 죽음은 필연적 가능성입니다. 사람들이 할 수 있는 일은 되도록 죽음이 오는 시기를 늦추려 노력하는 것뿐입니다. 하지만 그런 노력으로 얻을 수 있는 것은 한시적 안도감뿐입니다. 머지않아 죽음의 징후가 나타날 것이고 죽음의 공포가 삶에 드리워질 것입니다.

암과 같은 불치의 병에 걸려서 죽음을 준비해야 하고 죽음을 받아들여야 하는 사람들과 그의 가족에게 죽음은 불행이며 형벌입니다. 육체적 고통 이상으로 환자 자신이나 가족 모두를 괴롭히는 것은 죽음이 다가오고 있고 조만간 그것이 현실화된다고 하는 죽음에 대한 심리적 고통입니다. 배우자나 가족의 죽음은 감당하기 힘든 마음의 상처를 남기고 그것을 회복하는 데는 많은 시간이 걸립니다. 이처럼 죽음의 문제는 경험의 문제라기보다는 오히려 심리적인 문제입니다. 말하자면 죽음이라는 사건 자체가 아니라 죽음에 대한 관념과 해석이 문제를 일으키는 것입니다.

사실 죽음의 순간에 느끼는 공포는 그리 크지 않을 수 있습니다. 아무도 죽음을 경험할 수는 없기 때문에 그 고통이 어떠한지 우리는 알 수 없습니다. 어쩌면 죽음에 대한 공포는 상상의 산물일 수도 있습니다. 그럼에도 죽음에 대한 두려움은 사는 내내 삶에 붙어 다닙니다. 어느 정도 나이가 든 이후에 사람들은 계속 죽음의 공포를 느끼며 살아갑니다. 죽음에 대한 생각이 해로운 것은 이처럼 삶을 방해하기 때문입니다. 그래서 죽음은 죽음에 직면한 사람들만의 문제가 아니라 삶의 문제이자 인간의 문제인 것입니다. 그렇습니다. 죽음은 삶의 그림자입니다. 이 둘은 떼어놓을 수 있는 것이 아닙니다. 왜냐하면 살아 있다는 것은 언젠가는 반드시 죽는다는 것을 전제하고 있기 때문입니다.

죽음을 소멸로 정의하는 관점으로 삶을 보았을 때 우리의 삶은 매우 초라해집니다. 아니 우리의 존재 자체가 초라해집니다. 결국 죽을 수밖에 없는 삶을 사는 것이 인간이기 때문입니다. 우리는 그런 존재에 불과한 것인가요? 인생은 그렇게 허무한 것인가요? 그렇다고 한다면 마음이 슬퍼지고 우울해집니다. 이처럼 죽음은 우리가 의식하지 못하고 있었지만 아니 그것을 애써 외면해 왔지만 사실은 우리를 무겁게 짓누르고 있었던 것입니다.

하지만 이러한 죽음의 관념이 죽음에 대한 하나의 해석일 뿐이라면 상황은 매우 달라집니다. 아니 그것이 죽음에 대한 오해라면 하나의 반전이 일어납니다. 그리고 그 반전은 예상을 뛰어넘는 대규모의 반전일 것입니다. 모든 것이 뒤바뀝니다. 먼저 글을 읽겠습니다.

6. 육체가 부패하고 해체된다는 사실에서 내가 소멸된다고 하는 결론이 필연적으로 도출되지는 않는다. 육체가 죽는다는 것, 그것은 의심의 여지없는 분명한 사실이다. 하지만 그것뿐이다. 그 이상의 주장은 단지 하나의 해석이고 믿음일 뿐이다.
7. 만약 내가 육체라면 나는 죽고 소멸될 것이다. 하지만 내가 육체가 아니라면 어쩔 것인가?
8. 결국 죽음의 문제는 나는 누구인가라는 문제와 필연적으로 연결되어 있다.
9. 내가 육체라면 나는 죽을 수밖에 없는 존재이다. 하지만 내가 육체 이상의 존재라면 죽음은 내가 경험하는 많은 것들 중에 단지 하나의 사건에 그친다.
10. 나는 죽지 않는다. 나는 단지 죽음을 경험할 뿐이다.
11. 만약 죽음이 내가 겪는 일들 중에 하나라면, 죽음은 삶의 끝이 아니라 새로운 삶의 시작이 된다.
12. 죽음을 올바로 알지 못하면 삶도 온전히 이해할 수 없다. 죽음 속에 삶의 비밀이 있다. 죽음은 독배(毒杯)가 아니라 삶의 묘약(妙藥)이다.

일반적인 의미에서 죽음은 육체의 기능이 정지하고 의사가 사망진단을 내리는 그 순간입니다. 사람들은 그때 '죽었다', '돌아가셨다', '운명하셨다'는 말을 합니다. 하지만 문제는 이때 누가 죽었고, 무엇이 죽었는가 하는 점입니다. 가장 분명한 것은 육체가 죽었다는 사실과 그 육체에게 귀속되었던 사회적 자아의 역할은 이제 더 이상 작동하지 않는다는 사실입니다. 그것에는 이론(異論)의 여지가 없습니다. 하지만 그 육체의 주인이 진짜 죽었는지는 아무도 알 수 없는 것입니다. 우리가 확신할 수 있는 것은 육체의 죽음과 사회적 자아의 역할이 중지된다는 것뿐입니다. 만약 인간이 몸이라면 그는 죽은 것입니다. 이것이 가장 널리 퍼져 있는 해석입니다. 그렇다고 해서 이것이 진리라고 말하는 것은 비약입니다. 왜냐하면 그것은 가능한 해석 중에서 하나의 해석이지 유일한 해석은 아니기 때문입니다.

여기에 중대한 갈림길이 있습니다. 인간이 단지 몸일 뿐인지 아니면 인간은 육체 이상의 존재인지 하는 관점의 갈림길이 존재합니다. 육안으로 볼 때 죽음은 존재의 소멸입니다. 감각적 차원에서 볼 때 존재의 소멸이라는 정의는 설득력이 있습니다. 그렇기 때문에 많은 사람들이 죽음을 두려워하는 것입니다. 그렇습니다. 살아 움직이고, 나와 함께 이야기를 나누었던 사람이 이제는 여기에 존재하지 않기 때문입니다. 그는 사라진 것입니다. 하지만 잘 들여다보면 사라짐이 곧 존재의 소멸이라고 말하는 것에는 뭔가의 덧붙임이 있습니다. 사라짐과 소멸 사이에는 틈이 있었습니다. 하지만 그 틈을 뭔가로 메운 것입니다. 그 틈을 메운 것은 '인간은 곧 몸이다'라는 철학적 가정입니다. 이 가정을 받아들일 때만 사라짐은 소멸이 됩니다. 이러한 가정에서 몸의 주인은 몸입니다. 다른 주인은 없습니다. 그럴 경우 죽음은 해체이고 소멸입니다. 하지만 그 틈을 다른 전제로 메우게 되면 다른 것이 보이기 시작합니다.

제가 일단 말씀드리고 싶은 것은 일반적으로 많은 사람들이 받아들이고 있는 죽음에 대한 관념이 죽음에 대한 유일한 정의가 아니라는 점입니다. 이 점이 명백해져야 그다음의 논의가 가능합니다. 죽음은 존재의 소멸이라고 하는 정의는 '몸이 곧 나'라고 하는 고정관념을 받아들일 때만 설득력 있는 정의입니다. 만약 나는 몸 이상이고, 몸은 내가 타고 다니는 것, 또는 육신은 내가 입고 있는 옷이라고 한다면 그 정의는 힘을 잃습니다. 그때 우리는 최소한 죽음에 대한 두 개의 정의를 갖게 되고, 그것들에 대한 선택의 여지가 생깁니다.

방금 살펴본 것과 같이 존재의 소멸이라는 정의가 죽음에 대한 유일한 진리가 아니라는 것은 논리적 사고를 하는 분들이라면 충분히 받아들일 수 있을 것입니다. 하지만 이에 비해 나는 몸인지 아니면 몸의 주인인지는 논리적으로, 과학적으로 증명할 수가 없습니다. 왜냐하면 그것은 감각적으로 확인이 되지 않기 때문입니다. 그것은 형이상학적 또는 종교적 신념의 문제입니다. 이런 이유로 이 문제에 관해서는 여러 주장이 가능하고, 그와 동시에 어떤 입장도 보편적 동의를 얻지 못하는 것입니다. 그래서 이 문제는 일단은 선택의 문제라고 말해야 할 것입니다. 하지만 이 문제가 짜장면을 먹을 것인지 아니면 짬뽕을 먹을 것인지를 선택하는 그런 레벨의 문제는 아닙니다. 왜냐하면 이 선택은 삶 전체가 걸려 있는 문제이기 때문입니다. 죽음의 문제가 해결되지 않는 한 우리는 평생 동안 죽음의 공포에 시달리며 살게 됩니다. 저는 이것이 해결될 수 있는 문제라면 어떤 희생을 치르더라도 해결해야 할 문제라고 생각합니다.

개인적으로 이것은 진리의 문제이고 깨달음의 문제라고 생각합니다. 하지만 제가 옳다고 주장하지는 않겠습니다. 왜냐하면 제가 그것을 논리적, 과학적으로 입증할 수는 없기 때문입니다. 제가 할 수 있는 것은 왜 죽음을 존재의 소멸이 아니라 새로운 삶의 시작으로 보는지에 대한 이유와 근거를 제시하는 것뿐입니다. 고민을 하고 판단을 하는 것은 여러분의 몫입니다. 이제부터 그 이유를 설명하겠습니다.

13. 만약 육체가 나라면 육체의 죽음은 나의 죽음이 된다. 그렇다면 나는 소멸된다.
14. 오랫동안 이 문제에 대해서 생각해 보았지만 나는 도저히 이 생각을 받아들일 수가 없었다.
15. 왜냐하면 내가 소멸한다는 말은 나에게는 둥근 사각형이라는 말처럼 들리기 때문이다. 둥근 사각형이라는 말은 모순이다. 그것처럼 '나는 죽는다'는 말은 사실 모순된 말이다. 그것은 거짓자아의 생각일 뿐이다.
16. 나의 직관은 나에게 말한다. "나는 육체의 죽음을 경험할 뿐이다. 나는 죽지 않는다. 아니 나는 죽음을 알지 못한다."

제가 죽음에 대해서 진지하게 생각하게 된 것은 40대 초반부터라고 기억합니다. 그전에도 가끔씩 죽음에 대해서 생각한 적이 있었지만, 저도 다른 사람들과 마찬가지로 죽음을 생각하면 마음이 불편하고 두려워져서 진지하게 생각하지 않고 애써 잊으려고 했었습니다. 하지만 나이가 들어가니까 죽음이라는 문제가 점점 강하게 다가왔습니다. 예전에 정년퇴직하신 철학과 교수님과 이런저런 이야기를 하다가 죽음에 대해서 이야기를 한 적이 있었는데, 그때 그분이 하신 말씀이 잊혀지질 않습니다. 그때 제가 죽음에 대해서 한참 고민을 하고 있던 때라 "선생님도 죽음에 대해 자주 생각하십니까?"라고 제가 물었더니, 선생님 말씀이 "난 죽음에 대해서 매일 생각해. 아마 자네도 앞으로 그럴 거야"라고 하시더라고요. 매일 죽음을 생각한다는 말에 전 깜짝 놀랐습니다. 저는 속으로 "아 그렇구나. 나이가 든다는 것은 죽음과 가까워지는 것이구나"라고 생각했습니다. 그래서 그랬는지는 모르겠지만 그 후로 죽음에 대해서 더욱 많이 생각했던 것 같습니다.

하지만 제가 철학자라서 그런지는 모르지만 저는 '내가 죽어서 소멸한다'는 생각을 할 때마다 뭔가 잘못되어 있다는 느낌이 계속 들었습니다. 철학적으로 볼 때도 존재가 무로 변한다는 것은 불가능합니다. 모든 존재는 변화합니다. 하지만 그것은 형체를 바꾸는 것이지 존재가 무로 소멸되는 것은 아닙니다. 세상에서 소멸되는 것은 없습니다. 그것은 우리의 육체도 마찬가지입니다. 우리의 몸도 죽으면 분해되어 형체가 바뀌기는 하지만 그 물질들이 소멸되는 것은 아닙니다. 다른 식물이나 동물들의 몸을 구성하는 요소로 변화할 뿐입니다. 그래서 육체를 나로 본다고 해도, 나라는 사람의 외모와 형체가 사라지는 것이지 나의 피와 살을 구성했던 물질적 요소들이 소멸하는 것은 아닙니다.

어쨌든 제가 말씀드리고 싶은 것은 존재가 무로 되는 일은 어떤 경우에도 우주에서는 없다는 것입니다. 철학적으로 볼 때 존재가 무로 된다는 것은 모순입니다. 사람들이 죽음을 소멸로 생각할 때 느끼는 황당함은 바로 이러한 모순 때문입니다. 하지만 문제는 나의 죽음입니다. 나의 몸을 구성하는 것들이 소멸되지 않는다고 하더라도 그것들로 이루어진 형체로서 나와 그에 수반되는 의식은 소멸되는 것처럼 보이기 때문입니다. 문제는 여전히 풀리지 않았습니다.

 그러던 중에 우연히 어떤 철학자가 기자와 인터뷰를 하면서 죽음에 대해 인터뷰한 기록을 보게 되었는데 그의 말이 제 가슴에 확 꽂혔습니다. 그 요지만을 저를 예로 해서 말씀드리면 이것입니다. "장건익은 죽지만, 나는 죽지 않는다." 그것을 읽는 순간 그래 이거다 '이게 맞는 말이다'는 느낌이 강하게 왔습니다. 뭔가 막힌 것이 확 풀리는 느낌이었습니다. "장건익이라는 이름에 부속된 육체와 사회적 자아는 죽는다. 하지만 나는 죽지 않는다. 나는 죽을 수가 없는 존재다." 그렇다면 나는 당연히 육체가 아닙니다. 육체는 내가 가지고 있는 것 또는 내가 입고 있는 옷입니다. 물론 이것은 직관적 느낌입니다. 논리적이고 분석적인 생각은 아닙니다. 그렇기 때문에 논증될 수도 없습니다. 하지만 제 마음은 이 직관을 자연스럽게 받아들인 것입니다. 앞서 말씀드린 것처럼 저의 직관은 논리적, 과학적으로 설명되지 않습니다. 하지만 "장건익은 죽는다. 하지만 나는 죽지 않는다. 나는 죽을 수 없는 존재다."라는 말이 저에게는 맞는 말이라는 느낌이 강하게 왔습니다. 여러분에게는 어떤 느낌으로 다가왔는지 궁금합니다.

활동 1 윗글의 제목 '죽음은 독배인가, 묘약인가?'의 의미를 설명해 보자.

....
....
....
....
....
....
....

활동 2 죽음에 대한 자신의 생각을 담아 유언장을 작성해 보자.

....
....
....
....
....
....
....
....
....
....
....

종 합 활 동

※ 자신의 인생에 큰 영향을 끼친 인물을 소개하는 글을 작성해 보자.

■ 제목 : _____

제4장

문화와 인간

제4장 문화와 인간

    문화는 자연 상태의 어떤 것에 인간적인 작용을 가해 그것을 바꾸고 새로운 것을 창조하는 과정에서 나온 것이라 할 수 있다. 18세기까지는 문화를 야만과 대립된다고 보았는데, 이 시각은 원시인들을 야만으로 분류하여 동물처럼 보는 우를 범했다. 18세기 이후에는 문화를 정신과 물질의 측면으로 나누는 이분법적 시각이 우세했다. 이는 '우리와 그들'이라는 흑백오류를 일으켜 서구문명의 세계 정복을 정당화하였다. 2002년 유네스코(UNESCO)는 "문화는 한 사회, 또는 사회적 집단에서 나타나는 예술, 문학, 생활양식, 더부살이, 가치관, 전통, 신념 등의 독특한 정신적, 물질적, 지적 특징"이라고 정의하였다. 이에 따르면 문화는 인간과 인간의 삶, 그리고 인간사회를 보여주는 데 아주 유용하다.

    문화는 고정되지 않고 시대에 따라 다양한 의미와 모습을 보이며 변동된다. 따라서 서로 다른 문화는 위계가 아니라 차이로 이해해야 한다. 문화에 대한 유네스코 정의에서 가장 먼저 등장한 예술로 예를 들어보자. 예술은 아름다움을 추구한다. 동양에서 아름다울 미(美)는 '큰 양'이라는 의미로 신에게 의식을 행하고 그 양을 나누어 먹던 풍습에서 비롯됐다. 당시 아름다움의 기준은 평소 잘 먹지 못하던 고기를 맘껏 먹을 수 있는 데 있었기 때문이다. 이러한 아름다움의 차이를 논하는 미학은 18세기 이후 시작되었다. 미학에서는 아름다움을 성립시키는 주관적 원리가 가장 중요하다. 그 결과 현재는 상상력을 통해 일상의 사물도 예술로 느낄 수 있다는 데까지 이르렀다. 즉 문화는 인간의 주체적 활동인 것이다.

    이 장은 다양한 문화를 소재로 하는 글을 실었다. 「마음을 담아 그린다면 알아줄까」에서는 고흐부터 달리까지 화가와 작품을 살피며, 미술이 사실을 '재현'하는 데에서 주관적 작가의식이 강조되는 '표현'으로 변화되는 과정을 보여준다. 「영화음악, 음악영화들」은 장르의 경계를 넘어 새로운 미를 창조하는 내용을 담고 있다. 영화음악은 영화의 주제와 정서를 강화하고 특정 장면을 떠올리게 하는 선율로 기억된다. 음악영화는 음악에 스토리를 입혀 입체적으로 형상화하며 감동을 더한다. 「첨단 유행 '포타불 축음기' 한 대 값이 군수 월급보다 비싸」에서는 축음기 광고의 카피가 자극하려고 했던 소비자의 욕망, 또 당시 매체들의 반응에 드러난 가치관 충돌을 알 수 있다. 「반듯한 도로 위 다시 기억하는 역사」는 군산의 근대문화유산에 역사관이 내재된 스토리를 입히고 이를 체험으로 연결하여 지역문화를 활성화한 사례를 다루고 있다. 이 장을 통해 인간의 주체적인 활동으로서 문화가 재현과 경계짓기를 넘어서며 변화하는 과정을 살필 수 있을 것이다.

마음을 담아 그린다면
알아줄까

김경서

빈센트 반고흐, 〈귀에 붕대를 감은 자화상〉, 1889년.

귀를 자른 고흐의 자화상 아시죠? 고흐가 귀를 자른 이유에 대한 글을 우연히 보게 되었는데, 정말 이해가 가지 않았어요. 친구로 지내며 같은 화실에서 그림을 그리던 폴 고갱이 어느 날 고흐가 그리고 있는 자화상을 보고 "네 귀는 그렇게 생기지 않았어."라고 비난을 했다는 거예요. 그러자 고흐가 "나는 절대 내 귀를 잘못 그리지 않았어, 잘못되었다면 내 귀가 잘못되었지!" 하고 자신의 귀를 잘랐대요.

나도 어디선가 그런 이야기를 들은 적은 있어. 하지만 누군가 소설을 쓰듯 과장해서 만들어 낸 이야기 같던데. 실제로 그런 기록은 없거든. 다만 고흐가 자신의 귀를 자른 이유가 고갱과의 심리적 갈등에서 비롯된 것만큼은 사실이라고 해. 두 사람은 예술적 유대가 깊으면서도 각자 개성이 지나치게 강해 서로 부딪치기도 했거든.

아무리 갈등이 있어도 귀를 자르다니! 어떤 사람은 고흐가 정신질환 때문에 귀를 자른 거라고 이야기하더라고요. 고흐의 작품도 천재성이 아닌 광기에 의한 것이라고 평가하는 것 같았어요.

고흐는 누구보다 열정적으로 그림을 그렸고, 자신의 독특한 세계를 고집스럽게 추구했던 화가야. 평범하지 않은 삶 때문에 그에 대한 과장된 해석이 많은 것도 사실이지. 고흐는 '천재'라는 수식어가 가장 잘 어울리는 화가라고 생각해. 미학에서 '천재'라는 개념이 발생한 것도 그즈음이니까. 천재란 어떤 사람일까?

엄청나게 똑똑한 사람?

철학자 칸트는 "천재란 세상에 없는 것을 만들어 내면서도, 그 만들어 낸 것이 하나의 법칙이 되게 하는 선천적 능력을 가진 사람."이라고 했어.

단순히 똑똑한 것과는 다르네요.

그렇지? 현대로 오면서 천재라는 개념은 부정되기도 해. 천재란 자연을 넘어 인간의 능력을 무한대로 확장하고 싶어서 인간 스스로가 만들어 낸 가상의 개념일 뿐이라는 주장도 있었지.
그렇다고 해도, 고흐에게는 천재라는 말이 아주 적합한 것 같아. 고흐처럼 비범한 능력을 가진 사람을 평범한 사람이 이해하기는 쉽지 않겠지.

겉으로 볼 때 천재는 지극히 주관적이고 고집스럽게 보일 테니까. 그래서 어떤 사람들은 고흐의 독특한 행동들이 정신질환 때문이었다고 여기는 걸 거야.

저도 고흐는 천재라는 쪽에 한 표 던질래요. 귀를 자른 건 이해할 수 없지만 고흐의 그림들은 놀랍도록 아름다우니까요.

재현에서 표현으로

그런데 고흐가 "내가 그린 그림 속의 귀가 실제 귀보다 더 정확하다."라고 말했다는 이야기가 아무 까닭 없이 만들어진 건 아니야. 고흐는 이전까지의 화가들과 다르게, 대상을 '재현'하는 것이 아니라 '표현'하는 것에 관심을 두었거든.

재현과 표현이 많이 다른가요?

대상을 있는 그대로 '재현'하는 것과 작가의 생각과 느낌을 '표현'하는 건 다르지. 재현에 관심을 두었던 화가들이 대상이 가진 객관적 형상에서 그 원본을 찾았다면, 고흐는 작가가 생각하고 느끼는 것, 즉 주관적이고 개성적인 것에 중심을 두었어. 미술사에서는 고흐를 비롯해 작가의 주관과 개성이 두드러지는 미술의 경향을 '표현주의'라고도 해.

그러고 보니 고흐의 그림은 정말 개성이 강한 것 같아요. 어떤 대상을 비슷하게 그리기보다는, 자신의 느낌을 표현하는 데 집중했다는 게 느껴져요.

고흐는 빛의 변화에 민감하게 반응했던 인상주의의 전통을 받아들이긴 했지만, 자신의 감정을 강력하게 전달하기 위해 대상을 왜곡하고 과장하기도 했어. 대상과의 시각적 유사성을 넘어서려고 했지. 입체감을 무시한 표현도 과감하게 하고, 과장된 색채와 빠르게 그은 율동적인 필치 등도 활용했어. 보이는 대로 그리지 않고 자신의 감정을 실어 주관적으로 표현한 거야. 고흐에 관한 재미있는 일화가 한 가지 있어. 고흐에게 그림을 가르쳐 준 안톤 마우베라는 화가가 어느 날 고흐에게 석고상을 그리라고 했대. 그러자 고흐는 "나는 죽은 것은 그리고 싶지 않아."라고 말하며 거부했다고 해. 화가 난 고흐가 화실을 뛰쳐나왔다는 이야기도 있고 석고상을 부수어 던져 버렸다는 이야기도 있어. 어느 쪽이 사실인지는 모르겠지만 그만큼 고흐의 주관이 강했다는 건 알겠지?

확실히 평범한 사람은 아니네요.

대상으로부터 벗어나 작품에 자신의 생각과 감정을 담으려고 했다는 점에서 고흐를 현대 미술의 시작으로 보는 견해도 있어. 이번에는 감정을 담은 그림을 그린 또 다른 화가 아메데오 모딜리아니의 작품을 감상해 볼까? 모딜리아니의 연인 잔 에뷔테른의 초상화야.

아메데오 모딜리아니, 〈큰 모자를 쓴 잔 에뷔테른〉, 1918~19년.
모딜리아니는 긴 목과 얼굴 등 독특한 인체 비례로 인물을 묘사했다.

영화 〈모딜리아니〉를 본 적이 있어요. 모딜리아니가 추운 겨울 눈 내린 길거리에 쓰러져 죽음을 맞이하는 장면이 기억나요. 모딜리아니가 죽은 후 슬픔을 견디지 못한 잔 에뷔테른은 옥상에 올라가 죽음을 택해요. 그때 잔은 아이를 임신하고 있었죠. 그 영화를 보면서 얼마나 울었는지 몰라요. 이 그림도 너무 슬퍼요. 눈동자도 없이 파란 색으로 그려진 잔의 슬픈 눈에 그 모든 사연이 고스란히 담겨 있는 것 같아요. 가난과 병에 시달렸던 모딜리아니의 삶이 다시 떠오르네요.

바로 그거야. 눈동자도 없는 파란 눈에서 작가의 슬픈 사연을 읽어낼 수 있는 것처럼, 대상의 형태를 그대로 재현하지 않아도 대상의 진실된 감정을 전달할 수 있어. 그런데 그림 속 잔의 인체 비례가 좀 이상하지 않니?

조금 길쭉길쭉하게 그려진 것 같아요. 보통 사람의 얼굴, 코, 손이 저렇게 길지는 않으니까요.

모딜리아니가 소묘 능력이 부족해서 저렇게 그린 것은 아니겠지? 길게 과장된 비례를 활용하면 가녀리고 애절한 감정이 더욱 잘 전달될 거라는 점을 생각했을 거야. 이처럼 현대로 오면서 대상을 실제와 똑같이 표현하는 것보다 작가의 주관적 감성과 개성적 표현이 중요해졌어. 그럼 이번에는 파블로 피카소의 그림을 감상해 볼까? 피카소는 평생 두 번의 결혼을 포함해 일곱 명의 여인과 함께 살았다고 해.

　　일곱 명요?

　　바람둥이라고 해야 할까? 뭐, 어쨌거나 피카소가 새로운 연인을 만날 때마다 그의 작품에는 많은 변화가 있었어. 어떤 사람들은 사랑이 피카소의 창조성을 완성했다고 말하기도 하지. 이 그림은 피카소가 자신의 연인이었던 도라 마르를 그린 〈우는 여인〉이라는 작품이야.

파블로 피카소, 〈우는 여인〉, 1937년.
눈물을 흘리며 일그러진 얼굴을 분해된 형태로 표현했다.

눈, 코, 입이 잔뜩 뒤틀어져 있네요. 〈우는 여인〉이라는 제목처럼 슬픔에 가득 차 있는 것 같아요. 자세히 보니 눈물을 닦는 손수건도 일그러진 얼굴과 뒤엉켜 있어요. 그림을 보니 실제 도라 마르는 어떤 얼굴을 하고 있을지 궁금해지는데요?

여기, 도라 마르의 사진이야.

피카소의 연인이자 〈우는 여인〉의 모델이 된 도라 마르의 실제 모습.

그림을 보고 상상했던 모습과는 전혀 딴판이에요. 무척 아름다워요.

화가이자 사진 작가였던 도라 마르는 매우 지적이고 아름다운 여인이었어. 그런데 피카소가 그린 마르를 보면 지적이거나 아름답기는커녕 잔인할 정도로 이목구비가 뒤틀려 있고 슬픔에 가득 찬 모습이지? 사랑하는 여인의 모습을 왜 이렇게 그린 걸까?

그야 피카소는 도라 마르의 모습을 '재현'하는 게 아니라 '표현'하려고 했기 때문이겠죠?

맞아! 피카소는 마르의 겉모습을 그대로 재현하려고 하지 않았어. 피카소가 마르에게서 찾아내 표현하려고 한 것은 그녀에게 항상 붙어 다니는 슬픔의 감정이었어. 그래서 피카소는 마르의 얼굴을 왜곡하고 변형하고 생략하면서 〈우는 여인〉을 만든 거야. 피카소는 슬픔이 마르의 진짜 모습을 드러낸다고 생각했어. 그리고 그렇게 표현된 슬픔은 곧 모든 사람의 슬픔과도 연결된다고 생각했지. 결국 울고 있는 그림 속 여자는 슬픔의 감정을 가진 모든 사람을 대변하는 거야. 피카소는 단지 한 인간의 겉모습이 아니라 모든 사람이 가지고 있는 공통된 감정을 표현한 거야.

남들과 다른 창조적 표현을 하면서도 모두가 공감하는 인간의 감정을 드러낼 수 있다는 것이 예술의 중요한 가치인 것 같아요. 그런 면에서 피카소가 왜 훌륭한 예술가인지 다시 한 번 깨닫게 되네요. 하지만 제가 도라 마르라면 기분이 나쁠 것 같아요. 누군가 내 모습을 멋대로 해체시키고 자신의 관점에서만 나를 규정하려 한다면 불쾌할 것 같거든요. 그건 진짜 내가 아닌데, 하는 생각도 들 테고요.

피카소처럼 형태를 다양한 시각에서 분해하고 재조합하는 복잡한 방법 말고 아주 단순화하는 방법도 있어. 이번엔 조각 작품을 감상해 볼까?

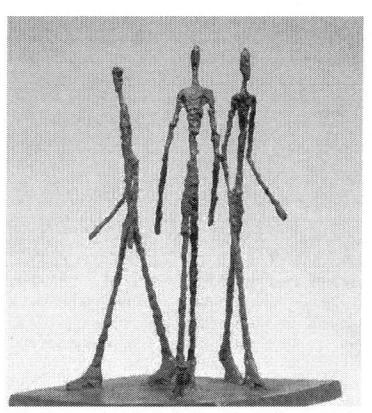

엘베르토 자코메티, 〈걷는 세 사람〉, 1949년.
자코메티는 길고 앙상한 인물상을 통해 인간의 실존적 불안을 표현했다.

이 앙상한 조각은 또 뭐예요?

뼈대만 남은 듯한 이 작품은 스위스 조각가인 알베르토 자코메티의 〈걷는 세 사람〉이야. 현대를 살아가는 메마르고 황량한 인간상을 표현한 작품이지. 자코메티는 어느 날 자신이 표현하는 인간의 형상이 진실을 담지 못하는 쓸데없는 장식에 불과하다는 생각이 들었대. 진짜 인간을 표현하려면 그 사람의 의식을 담아야 한다고 생각했어. 그 이후로 그의 조각은 자꾸 작아졌지. 덧붙이는 것이 아니라 최소한으로 깎아 냄으로써 살아 있는 의식을 드러낼 수 있다고 여겼던 거야. 사람의 감정은 복잡한 듯하지만 알고 보면 다른 사람들에 의해 덧붙여진 불필요한 겉치레도 많은 것 같아. 마치 장식이 많이 달린 거추장스러운 옷처럼 말이야.

너무 철학적이어서 조금 어렵기는 하지만 가슴에 와 닿는 면이 있네요.

자코메티는 이런 말을 했어. "나는 내 조각을 한 손으로 들어 전시장으로 가는 택시 안에 넣었다. 다섯 사람의 장정도 제대로 못 드는 커다란 조각들을 보면 짜증이 난다. 거리의 사람들을 보라. 그들은 무게가 없다. 어떤 경우든 그들은 죽은 사람보다, 의식이 없는 사람보다 가볍다. 내가 부지불식간에 가는 실루엣처럼 다듬어 보여 주려는 것이 그것이다. 그 가벼움 말이다." 자코메티는 최소한의 형상으로 고독한 현대의 인간상을 표현하려 했어.

자코메티처럼 표현을 억제하는 것도 표현의 한 방법일 수 있겠네요. 인간의 감정이란 참 미묘하고 그 감정을 표현하는 작가들 또한 다양한 것 같아요.

그래, 다양하지. 고흐는 거칠고 격렬한 붓 자국을 사용했고, 모딜리아니는 비례를 변형했고, 피카소는 형상을 분해했고, 자코메티는 단순화함으로써 감정과 개성을 나타낸 것처럼.

살바도르 달리, 무의식을 드러내다

그렇다면 이번에는 무의식의 세계를 추구한 초현실주의 작품을 감상해 보자. 인간의 상상력이 어디까지인지 놀라게 될 거야. 이 작품은 에스파냐의 작가 살바도르 달리가 그린 〈기억의 지속〉이야.

살바도르 달리, 〈기억의 지속〉, 1931년. 달리는 꿈을 통해 드러나는 무의식과 그 속에 잠재된 욕망을 작품에 담았다.

전체적인 분위기는 조금 음산하고 기괴한데요? 도대체 무엇을 그린 거예요?

이 작품은 '데페이스망'(dépaysement)이란 기법을 활용했어. 데페이스망은 '추방하는 것'이란 의미를 가진 단어야. 간단히 말해 데페이스망 기법은, 어떤 물체를 본래 있던 곳에서 떼어 내는 기법이야. 일상적인 관계에서 사물을 추방해 고립시키고, 이상한 관계에 두는 것이지.

달리가 표현한 '추방된 사물'들을 하나씩 떼어 내 살펴보자. 맨 윗부분에는 밝고 아득한 바다가 있고 그 옆에는 깎아지른 절벽이 보여. 왼쪽에는 관 모양의 거대한 상자가 있는데 여기에서 죽은 나무가 뻗어 나와 있지.

녹아내리듯 늘어진 시계도 보이네요.

네 개의 시계가 있어. 하나는 나무에 걸려 있고 다른 하나는 상자에 반쯤 걸쳐 있지. 그 옆에 엎어 놓은 회중시계도 있는데 개미 떼가 모여 있어.

제4장 문화와 인간 · **129**

중앙의 어둠 속에는 생물체인지 사람의 얼굴인지 알 수 없는 형상이 널브러져 있는데 그 위에 시계가 늘어져 있고. 한마디로 현실에는 존재하지도 않고 존재할 수도 없는 상황이 펼쳐지고 있는 거야.

왠지 무시무시한 느낌이에요. 뭔가 불길하기도 하고.

그렇게 느끼는 건 한 번도 본 적이 없는 장면이기 때문일 거야. 달리는 의도적으로 아주 낯선 장면과 상황을 연출해 사람들의 마음속에 감추어진 불안의 요소를 끌어내려 했거든. 겉으로 볼 때 행복하게 사는 것처럼 보이는 사람들이라도, 마음 깊은 곳에는 불안이나 두려움, 또는 기억하고 싶지 않은 아픈 사연들을 갖고 있기 마련이지. 달리는 그림을 통해 이런 무의식의 세계를 드러내려 했어.

그렇다면 달리는 불안의 감정을 불러일으키려고 한 걸까요? 이 그림을 보니 악몽을 연상하게 돼요. 아무도 없고 한 번도 보지 못한 낯선 세계에 나 홀로 떨어진 듯하다고 할까요? 〈기억의 지속〉이라는 제목이 어떤 의미인지 알 것도 같아요. 지금은 잊었다고 생각한 아픈 기억들도 마음 깊은 곳에 남아 지속된다고 말하려는 것 같아요.

단지 불안의 감정을 일깨우려는 것이 아니라, 이런 과정을 통해 아픈 상처들을 치유할 수 있다고 본 것 아닐까? 심리학에서는 불안의 감정이 오히려 아픈 기억들을 덮어 두기 때문에 발생한다고 보기도 하거든.

그렇다면 달리가 사람들이 자신의 그림을 통해 마음의 상처를 치유받기를 원했다고 볼 수도 있겠네요. 꿈이나 상상의 세계가 이렇게 그려질 수도 있다는 게 놀라워요. 달리가 처음 이런 형상들을 떠올리는 상황은 어땠을까요. 세상에 없는 것을 떠올리기 위해서는 용감한 상상력이 필요했을 거예요. 달리의 작품을 보며 그림으로 표현하지 못할 것이 없다는 생각이 들었어요. 있는 그대로 그려야 한다는 집착에서 벗어나도 괜찮을 것 같아요. 사람들의 진짜 감정을 느끼고 표현한다면 보는 사람도 공감할 수 있을 테니까요.

활동 1 | 윗글을 바탕으로 다음의 빈칸을 채워 보자.

작가	작품 제목	작품 기법	작가 의도
고흐			
모딜리아니			
피카소			
자코메티			
달리			

활동 2 | 윗글에 소개된 작품 중 하나를 골라 '그림의 가치와 의미'를 담은 감상문을 써 보자.

■ 제목 : _____

영화음악, 음악영화들

조윤범

 연주자들은 영화를 볼 때 남들보다 더 유심히 영화음악을 듣는다. 오케스트라 경험이 있거나, 그렇지 않은 연주자라도 이 종합예술을 본 다음 '음악이 좋다 나쁘다'라고 말하는 것은 일종의 직업병이다. 음악이 좋으면 꼭 CD로 구입했다. 그러나 그것도 이미 옛날 얘기다.
 거대 자본으로 만들어지는 영화의 음악은 손에 꼽을 수 있을 정도의 거장들이 독차지하고 있다. 1980년대에 가장 인기를 끈 SF영화들은 거의 존 윌리엄스, 앨런 실베스트리, 제리 골드스미스가 작곡한 것이다. 또 이런 영화들의 마지막 크레디트를 보면 대부분 세계적으로 유명한 오케스트라가 음악을 연주한다. 멜로디는 영화를 본 모든 사람들의 기억에 남을 정도로 강렬하며, 영화의 오리지널 사운드트랙 CD 또한 잘 팔렸다. 그 당시에는 극장에서 영화 팸플릿을 팔았지만 90년대에 들어서자 이 풍경은 사라졌고, 영화를 본 후에 기억에 남길 만한 물건은 음악 CD밖에 없었다. 이것이 영화음악 음반의 마지막 전성기였다. 곧 DVD가 사람들에게 보급되기 시작하고, 5.1채널의 웅장한 음악까지 소유하게 된 사람들은 스테레오로 녹음된 영화음악 CD를 굳이 사려고 하지 않았다. 그러니 영화음악만을 다시 듣고 즐기며 때로는 분석하고 곱씹는 일은 드물어졌다. 아주 가끔 DVD의 부가기능으로 대사 없이 영화를 감상하게 해주거나, 음악 작곡이나 녹음 과정을 다큐멘터리로 보여주기도 하지만, 확실히 드문 일이다.
 사실 오늘날 영화는 음악을 가장 효과적으로 전달하는 매체 중 하나다. 영화에 삽입된 노래나 클래식음악들은 다른 음악에 비해 훨씬 인기가 있다. 평소에 클래식에 관심 없던 사람들도 "아, 어느 영화에 나왔던 음악이었지!"라며 금세 음악 애호가가 된다. 대중가요 차트나 음악 다운로드 순위에는 영화 삽입곡들이 자주 등장하고 또 상위권을 차지한다. 지금은 고인이 된 휘트니 휴스턴은 많은 장르에서 인기곡을 발표했지만, 그녀가 출연했던 영화 〈보디가드〉의 음악은 종전의 음악을 모두 합친 것 이상의 사랑을 받았고 리메이크도 많이 되었다. 존 윌리엄스의 음악은 클래식음악계에서도 인정할 만큼 훌륭하고 발전된 관현악법을 사용하는 어려운 음악이지만 〈스타워즈〉, 〈슈퍼맨〉, 〈E.T.〉, 〈인디애나 존스〉 같은 작품의 영화음악들은 모르는 사람이 거의 없을 정도로 대중화되었다. 물론 음악이 그 자체로 멋지고 좋기 때문이기도 하지만 비슷한 분위기에 최고의 작품성을 자랑하는 아론 코플랜드의 〈심포니 3번〉의 대중적 인지도를 생각한다면 영화음악의 힘이 어느 정도인지 가늠할 수 있다. 그만큼 영화는 다른 매체보다 직접적으로 관객에게 음악을 주입시킨다.

    연주자들은 자신의 재능으로 영화 제작에 참여하기도 한다. 물론 영화음악을 녹음하는 오케스트라나 앙상블의 연주자로 일하기도 하고, 특수한 경우 영화에 직접 출연해 배우 대신 연주하거나 혹은 직접 연기까지 할 때도 있다. 오케스트라 음악이 영화에 삽입되면 작곡가나 지휘자가 영상을 보면서 지휘를 하고 속도에 맞게 연주를 한다. 이 영상에는 정확한 타이밍을 알 수 있는 신호가 깜빡이며 등장하기 때문에 지휘자는 조금 더 쉽게 속도를 조절할 수 있다. 녹음 작업은 연주자에게는 일반적인 공연연습보다 힘든 일이다. 부분 부분을 자주 끊어서 녹음해야 하고, 음악이 기록으로 남기 때문에 작은 실수도 그냥 넘어갈 수가 없어서 여러 번 연주해야 하기 때문이다. 그래서 미국이나 유럽의 연주자들은 녹음을 위해 연주하는 시간을 제한하고 쉬는 시간도 철저하게 지키는 편이다.

    연주자가 영화에 출연하는 것은 주로 음악가로 등장하는 배우의 대역을 맡을 때다. 세계적으로 할리우드 제작시스템을 많이 도입한 요즘엔 배우가 어떤 직업의 전문가로 등장할 때 사실성을 더하기 위해 몇 달 동안 훈련을 받는 것이 자연스러워졌지만, 악기 연주는 그 정도의 훈련으로는 불가능할 때가 많다. 생각해보라! 어떤 악기를 자연스럽게 연주하기 위해서, 혹은 그렇게 보이기 위해서 대부분의 연주자들은 열 살이 되기도 전에 악기를 배우고 꼬박 10년 혹은 20년 동안 실력을 갈고닦는다. 그래야만 레슨 없이 독립적으로 자신의 음악을 발전시키기 위한 토대가 겨우 마련될 정도다. 연주라는 행위가 그만큼 정교하기 때문에 몇 달의 시간으로 관객의 눈을 속이기는 어려운 일이다. 또 관객 중에 일부는 음악가일 수도 있고(특히 음악영화일 경우에는 많은 음악가들이 본다), 악기를 조금이라도 다뤄본 사람들의 숫자는 그보다 훨씬 많을 것이기 때문에, 어설프게 연주 연기를 하다가는 자칫 진지한 장면에서 코웃음을 칠 수도 있는 것이다.

물론 이런 것에 신경 쓰지 않는 감독도 많고, 그런 장면이 영화에서 크게 방해되지 않을 때도 있다. 하지만 디테일에 조금 더 신경 쓰는 감독들은 이런 것을 그냥 지나치지 않게 마련이다. 보통 연주 장면에서는 배우의 얼굴만 비추거나 뒷모습을 보여주는데 몇 달 동안의 연습으로 바로 이런 장면에서 괜찮은 효과를 본다: 연주하는 손을 클로즈업하거나 조금 멀리서 풀샷을 잡을 때는 프로 연주자가 대역을 한다. 하지만 이것도 다 옛날 얘기다.

콰르텟엑스가 함께 출연했던 영화 〈호로비츠를 위하여〉에서 배우 엄정화는 피아노 선생이 직업인 주인공 역할을 하면서 피아노 연주 훈련을 충분히 받았다. 하지만 매우 복잡한 연주를 하는 장면에서는 역시 대역을 썼는데 놀랍게도 연주자의 얼굴 부분을 컴퓨터그래픽을 사용해서 엄정화의 얼굴로 바꿨다. 우리 콰르텟엑스도 시사회장에서 영화를 함께 보았지만 알아채지 못했고 나중에 제작진으로부터 CG 처리에 대해 듣고서야 알았다. 이런 시도들은 요즘 음악영화뿐만 아니라 모든 영화에서 흔하게 사용될 정도로 기술이 발전했다. 하지만 그럼에도 만에 하나라도 뭔가 어색해 보일까봐 사실성을 더 높이기 위해 연습하는 배우들의 열정에 박수를 보내야 한다.

연주자 출신의 배우일 경우 직접 연주를 하기도 하는데 로만 폴란스키 감독의 〈피아니스트〉로 남우주연상을 수상한 애드리언 브로디는 워낙 피아노 연주 실력이 뛰어나서 특정 부분을 제외한 대부분의 연주 장면을 자신이 직접 소화해냈다.

정말 진짜처럼 연주하는 장면을 묘사한 것으로 유명한 영화들이 더 있는데, 이런 영화들은 연주자들까지 극찬할 정도의 사실성을 보여준다. 〈레드 바이올린〉은 사연이 담긴 한 대의 바이올린이 역사의 흐름 속에 여러 연주자들의 손을 거치며 일어나는 이야기를 감동적으로 묘사한 영화다. 그래서 이 영화에는 몇 명의 비중 있는 주인들, 즉 바이올리니스트 역할이 있는데 그중에 비엔나의 신동 카스파 바이스라는 꼬마는 영화를 보는 사람들을 놀라게 만들었다. 물론 실제 음악은 조슈아 벨이라는 유명한 바이올리니스트가 연주한 것이었지만, 자신의 몸에 비해 꽤 큰 성인용 바이올린을 연주하는 자세나 손동작은 실제로 그 아이가 뛰어난 연주자라는 사실을 모두에게 전달하기에 충분했다. 이 역할을 맡았던 아역 배우는 크리스토프 콘츠이며 현재는 성인이 되어 오스트리아의 바이올리니스트로 활동하고 있다.

그보다 오래전에 〈바이올린 플레이어〉라는 영화가 있었다. 한때 유명 연주자였지만 동료 음악가들에게 배신자로 낙인찍힌 한 남자가 결국 지하철역에서 연주하는 거리의 연주자가 되어 벌어지는 일들이 이 영화의 스토리다. 이 영화는 매우 독특한 엔딩을 가지고 있는데, 무려 15분 가까이 되는 바흐의 〈무반주 바이올린을 위한 샤콘느〉를 모두 연주하고, 정작 엔딩타이틀에는 음악이 나오지 않고 지하철 소음만 나온다. 아무튼 그래서 배우는 이 영화에서 15분을 꼬박 연주해야, 아니 연주 흉내를 내야 했다. 물론 실제 연주는 기돈 크레머라는 세계적인 바이올리니스트가 한다. 하지만 이 역할을 맡은 주인공은 바이올린 연주를 할 줄 아는 사람이었기에, 이 엄청나게 긴 곡의 손가락을 모두 완벽하게 짚었고, 그래서 연주자 관객들까지 만족시킨 멋진 영화라는 평을 들었다.

음악영화. 이것은 하나의 예술이 다른 예술에 헌정하는 오마주다. 특히 인간의 감정으로 감동을 끌어내는 '음악'이라는 예술을 소재로 하기 때문에 잘만 만들어진다면 걸작이 탄생할 확률이 높다. 실제로도 음악영화 중에는 유난히 걸작이 많은데, 음악을 완벽하게 이해하는 감독들만 그런 영화를 시도할 수 있기 때문인지도 모른다.

프랑소와 지라르라는 영화감독은 피아니스트 글렌 굴드에 관한 다큐멘터리와 첼리스트 요요마의 연주 장면을 혁신적인 뮤직비디오로 만든 적이 있는 클래식음악가 전문 감독이다. 그는 바흐의 〈첼로 모음곡〉을 연주하는 요요마를 컴퓨터그래픽으로 멋진 배경 속에 들어가게 한 적이 있는데, 그 공간은 피라네시라는 예술가가 그린 감옥 '카체리'였다. 그가 손으로 그린 스케치는 3D그래픽으로 현실이 되고, 그 공간에 맞는 첼로 울림을 사운드 팀이 완성시켰다. 클래식음악을 소재로 매우 파격적인 시도를 서슴지 않는 감독이 만든 장편영화가 바로 앞서 설명한 영화 〈레드 바이올린〉이다.

〈카핑 베토벤〉은 제목처럼 베토벤에 관한 영화다. 그보다 앞서 만들어진 〈불멸의 연인〉도 베토벤이 주인공인 영화지만 〈카핑 베토벤〉은 다른 시기, 다른 내용을 얘기한다. 클라이맥스인 〈합창〉 교향곡의 초연 장면도 대단하지만 전체적인 맥락을 이어가는 음악은 베토벤의 후기 현악사중주들 중에서도 가장 난해하다는 〈대푸가〉다. 또 마지막에 작곡하는 모습과 함께 나오는 〈감사의 노래〉는 매우 디테일하게 곡을 분석했다. 직접 현악사중주를 하는 사람으로서 작가나 감독이 얼마나 음악에 대한 지식과 열정이 있는 사람인지를 알 수 있게 해주는 영화였다.

영화에 직접 출연하는 연주자들이 있다. 아마 〈원스〉는 그런 영화들 중에 가장 성공한 영화가 아닐까. 이 영화의 아티스트인 글렌 한사드와 마르게타 이글로바는 자신들의 스토리와 가상의 소설을 섞어 이야기를 만들었다. 감독과 직접 이 영화를 기획하고 주인공으로 출연한다. 캐릭터의 이름도 없다. 그냥 남자와 여자일 뿐이다. 자신들의 이야기를 다른 배우가 연기할 필요가 없었고, 연주나 노래에 대역을 쓸 필요도 없었다. 그들은 이 영화로 유명해졌고 그것은 가수로서의 인기와 직결되었다. 세계인의 사랑을 받게 된 이 예술가 커플은 몇 년 후 결별했는데 그 과정을 다시 영화 〈원스 어게인〉에 담기도 했다.

영화는 이 시대의 완벽한 종합예술이다. 영화를 만드는 작업은 거칠고 힘든 일이지만, 그 결과물은 많은 사람들이 사랑하고 존경해 마지않는 멋진 작품이 된다. 나는 어릴 때부터 많은 영화를 보면서 감동받았다. 다른 사람들과 마찬가지로 할리우드 영화를 보면서 자랐고, 홍콩 영화가 성룡의 쿵후 영화에서 주윤발의 누아르로 대세가 옮겨가는 것도 보았다. 대학생이 되었을 때 영화 동아리에 가입해 유럽의 예술영화들에 빠져 지냈던 적도 있고, 나중에는 그에 못지않은 한국 영화들이 선전하는 것을 보고 기뻐했다. 영화에는 훌륭한 연기와 연출력이 존재하고, 세트미술과 의상, 흥미로운 시각효과 같은 신기술들이 녹아 있으며, 무엇보다 역시 멋진 음악들이 있었다.

영화는 삶을 반영하기에 같은 영화를 보고 비슷한 감정을 느끼는 사람들은 성격이 잘 맞는다는 얘기가 있다. 그래서 수많은 연인들이 데이트 코스로 극장을 선호하나보다. 지금 시작하려는 연인이 있다면 영화를 본 후에 느낌이 맞는지 확인해보라. 하지만 젊었을 때 영화를 좋아해서 자주 극장에 갔던 커플들이 결혼 후 아이를 낳으면 극장에 발을 끊는 경우가 많다. 매우 안타까운 일이다. 물론 육아를 시작하면서 아이를 두고 부모끼리만 극장에 가기란 거의 불가능에 가깝다는 것을 잘 알고 있다. 어쩔 수 없다. 그러나 방법은 있다. 홈시어터를 구축하자. 그것은 사치가 아니다. 지금도 우리가 놓치지 말아야 할 멋진 예술들이 끊임없이 생산되고 있고 그것은 거르지 말아야 할 양식과도 같은 것이다. 아니면, 아이를 다 키운 후에라도 극장으로 돌아가자. 그곳엔 추억과 희망, 감동이 있다. 그것을 잃는 순간 사람은 늙어버린다.

활동 1 | 윗글에서 영화와 음악의 관계를 찾아 정리해 보자.

....
....
....
....
....
....

활동 2 | 인상 깊은 영화음악을 소개해 보자.

영화제목		
영화음악	제목	
	작곡가	
	작사가	
	가수	
인상 깊은 이유		

첨단 유행 '포타불 축음기' 한 대 값이 군수 월급보다 비싸

김명환

봄나들이가 막 시작되던 1935년 3월 초, 20세기 문명이 가져다준 신기한 기계 하나가 '신발매' 소식을 조선일보 광고면에 알렸다. '35년식 빅타(Victor) 포-타불(휴대용) 축음기'였다. 이 광고는 "갑도 싸고 소리도 훌융하게 좃습니다"라며 "교외(郊外) 1일의 행락(行樂)을 더욱 즐겁게" 해주는 물건이라고 했다.[1]

몇 달 뒤 피서철이 시작될 무렵에는 독일의 유명 레코드 회사 '포리 도루(Polydor)'의 휴대용 축음기가 등장했다. "산으로! 바다로! 행락의 씨-슨은 도라왓습니다. 들고 갑시다! 휴대 편리한 축음기를"이라며 목청을 높였다.[2]

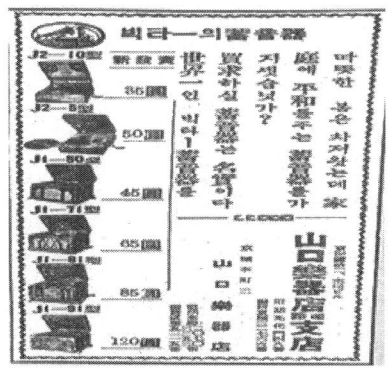

'빅타 사'가 1935년 봄에 낸 휴대용 축음기 광고. "따뜻한 봄은 차저왔는데 가정에 평화를 주는 축음기를 가지시겠습닛가?"라고 묻고 있다. 한 대 가격이 35~120원(약70만~240만 원)이나 된다. (《조선일보》, 1935. 3. 21.)

---

1 '빅타 신(新) 포타불' 축음기 광고, 《조선일보》, 1935. 3. 3.
2 야마구치(山口)악기점 종로지점 '포리도루 축음기' 광고, 《조선일보》, 1935. 6. 7.

가지고 다니면서 야외에서 음반을 들을 수 있는 최초의 기계장치가 음악 감상의 신천지를 열었던 것이다. 당시의 가정용 축음기 중 큰 것은 무게가 수십 킬로그램씩 되었으므로 운반하려면 지게나 수레에 실어야 할 정도였다. 휴대용 축음기는 무게와 부피를 대폭 줄인 것이다. 음반을 돌리는 태엽장치 등을 소형화하고, 소리를 키워주는 나팔도 납작하게 만들어 접을 수 있게 했다. 물론 가볍다고 하지만, 어디까지나 가정용보다 가볍다는 것이다. 오늘날의 휴대용 음향기기처럼 가벼운 것은 아니었다.

콜롬비아 휴대용 축음기는 신발매를 알린 광고에서 가볍다는 점을 특히 강조했다. "갓난애보다 갸벼운 포타불(축음기)"이라며 젖먹이 아기 그림을 그려넣었다. (《조선일보》, 1936. 1. 23.)

'콜롬비아' 포터블 축음기는 광고에 뜬금없이 아기 그림을 그려넣었다. 광고 카피는 "갓난애보다 갸벼운 포타불"이다. 젖먹이 몸무게보다도 가벼운 휴대용 축음기라는 점을 강조하려는 것이었다. 가볍다고 자랑하려는 광고이겠지만, 휴대용 음향기기의 무게가 갓난아기(약 3~4킬로그램)와 견줘야 할 정도라면 오늘의 기준으론 결코 가벼운 게 아니었다.

요즘 MP3플레이어의 경량화 모델이 이어폰을 포함해 30그램 안팎인 것에 견주면, 3~4킬로그램에 이르는 휴대용 축음기 무게는 100배가 넘는다. 휴대한다기보다는 '짊어지고 다녀야' 하는 수준의 무게였다.

옛 휴대용 축음기란 서민에게는 '가까이 하기에 너무 비싼' 물건이기도 했다. 값싸다고 광고한 '빅타' 포터블 축음기가 무려 35원(약 70만 원)이었다. 뒤이어 광고한 '포리도루' 포터블 축음기는 30원이었다. 1930년대 군수 월급(25원)보다도 비쌌다. 가정용은 더 비싸서 고급형은 한 대에 120원이나 했다.

축음기는 음향을 전기로 증폭해주지 않아 나팔에서 작은 소리가 '자글자글' 흘러나올 뿐이었지만, 그런 음악이라도 풀밭이나 계곡에서 듣는다는 건 1930년대 사람들에게는 놀라운 체험이었을 것이다. 오죽하면 돈이 없던 어느 룸펜 청년은 얼마나 야외에서 음악을 듣고 싶었던지 남의 축음기를 훔치기도 했다. 그는 한강변 모래사장으로 축음기를 들고 가 틀어놓고서 "따스한 봄 햇빛을 마즈면서 봄노래에 도취해" 있다가 경찰서 유치장 신세를 졌다. 신문은 "봄 기분에 마음 들뜬 멋쟁이 도적의 봄꿈이 여지업시 깨어졌다"고 썼다.[3]

이런 휴대용 축음기는 광복 후 야전(野電, 야외전축), 워크맨, 휴대용 CD플레이어, MP3플레이어로 이어지는 휴대용 음악 감상기기의 효시인 셈이다.

구한말 이 땅에 상륙한 축음기는 1920년대 중후반 들어 본격적으로 보급되기 시작했다. 1926년 윤심덕이 취입한 노래 〈사(死)의 찬미〉의 폭발적인 히트를 계기로 이 신기한 물건은 급속히 퍼졌다. 하지만 축음기로 음악을 듣는 것에 대한 거부감도 만만찮았다. 1929년 조선일보 「일요만화」는 집집마다 유성기를 틀어놓고 노래 듣는 데 열광하던 세태를 이렇게 꼬집었다.

> 요사이 웬만한 집이면 유성긔를 노치 안흔 집이 업스니 저녁때만 지나면 집집에서 유성긔 소리에 맞추어 남녀노유의 '기미고히시'(당신을 사랑해)라는 노래의 합창이 이러난다. 누구를 사랑하고 누구를 그리워한다는 말인지? 부모처자 모다 '기미고히시-'라니, 여긔에는 오륜삼강을 찻지 안 해도 조흘가?[4]

---

3 「무참히 깨어진 룸펜군(君)의 봄꿈! / 춘양(春陽) 마즌 한강의 백사장 우에 / 절도한 축음기를 틀고서 즐기다 / 사바(娑婆) 극지(極地) 유치장에」, 《조선일보》, 1935. 2. 27.
4 안석영, 「일요만화」, 《조선일보》, 1929. 4. 18.

'빅타' '콜럼비아' 등의 회사들은 전국에서 축음기 혹은 레코드 음악 대회를 개최하며 판촉전을 뜨겁게 펼쳤다. "백화점의 라우드 쓰피커로부터 담배 가게의 좁은 이마에까지 전기 레코드를 방송치안코는 상법 위반에나 걸릴 것처럼" 노래를 틀어댔고, "백주대로에서도 젊은이들은 임자 업는 노래 소리들을 큰 소리로 화답해가며 아스팔트 우헤 가벼운 딴고 쓰텝을 그리고" 체면을 지키는 젊은 여인들도 "전차를 기두리는 그들의 하이힐 구두는 용하게도 남의 눈을 피해가며 그 박자에 따라 가볍게 방아를 찍코" 있는 '유행가 범람 시대'를 몰고 왔다.[5]

1920년대 후반 집집마다 축음기가 보급되어 남녀노소가 유행가에 심취한 세태를 꼬집은 《조선일보》의 「일요만화」. '부모처자 모두 기미고히시(당신을 사랑해) 하면 삼강오륜은 어디서 찾느냐'고 한탄했다. (《조선일보》, 1929. 9. 1.)

그러나 식자층은 유행가가 흘러나오는 축음기를 해악을 끼치는 물건이라며 비판했다. 장백산인(長白山人, 춘원 이광수)은 유행가를 '전염병'이라며 "근년에 조선에 유행되는 가요는 (…) 부어라 먹자 두들겨라식이 아니면 주색의 방종한 향락"이라고 비판했다.[6]

1934년에는 사윗감인 노총각이 축음기를 가지고 있는 것을 본 예비 장모가 딸을 못 주겠다고 하자 격분한 노총각이 예비 장모에게 주먹을 휘둘러 신문에 대

---

[5] 「그들의 봄 타령(5) 유행가 범람시대 / 유명무명의 '노랑목' 장사들 / 전속가수양(孃)들 황금기」, 《조선일보》, 1934. 4. 18.
[6] 장백산인(長白山人), 「일사일언 / 유행가」, 《조선일보》, 1934. 4. 19.

서특필되기도 했다. 당시 장모는 "축음긔와 라듸오는 방탕한 자의 사치품이라, 우리집에서도 전자에는 큰아들놈이 저런 것을 사가지고 난봉을 부려서 현재와 가튼 빈곤을 보게 되엿다"며 "이런 것을 보면 뭇지 안어도 신랑 될 사람은 방탕자인 것을 알 수가 잇다"고 말했다. 공교롭게도 그 축음기는 노총각이 "장차 건설할 신가정의 준비 공작"으로 일부러 사다놓은 것인데, 최신 문명의 이기로 잘 보이려 했다가 점수를 따기는커녕 오히려 방탕자라는 누명을 쓰고 혼담마저 깨진 것이다.[7] 축음기를 선망하거나 배격하는 두 가지 시선이 혼재한 시대였음을 보여주는 사건이다.

1920년대에 축음기는 '이십 세기 문화의 가장 찬란한 한 부문'이었지만, 동시에 상당수 사람들에게는 저속한 유행가를 듣는 사치품으로 여겨졌다. 마치 비디오카세트리코더(VCR)가 보급 초창기에 성인 비디오 감상도구로 받아들여진 것과 비슷하다.

또한 1930년대 중반에는 약 30만 대가 보급되었지만, 오늘의 물가로 수백만 원씩이나 되어 서민들에겐 '가까이하기에는 너무 비싼 기계'였다. 그 때문에 대다수 서민들은 경성 시내 본정통(本町通, 충무로) 악기상가 앞에 서서 흘러나오는 축음기 소리를 감상하는 일이 더 많았다. 그런데 이게 뜻하지 않은 문제를 일으켰다. 유행가가 흘러나오면 이를 들으려는 행인들이 많을 때는 백여 명씩 가게 앞에 몰려들어 교통까지 방해하게 된 것이다. 경찰은 악기점 주인들을 불러 "대로에 통행인을 세워두는 것은 절대로 안 되니 정리하라"고 경고했다. 신문은 "사실상 금후의 본정통에서는 류행가나 쨔쓰를 듯지 못하게" 됐다고 썼다.[8]

축음기는 소음공해의 주범으로 지탄받기도 했다. 이래저래 축음기가 '치안 방해물'이라고 본 총독부는 1933년 레코드 제작·수입·판매업과 음반 내용을 규제하는 '축음기 레코드 취체(단속) 규칙'을 제정해 6월 15일부터 실시했다. 1935년에는 거리 악기점 등의 확성기 방송 시간과 음량을 제한하는 단속 규칙을 제정

---

7 「축음기 소지(所持)로써 / 방탕자(放蕩者)임은 불문가지(不問可知)」, 《조선일보》, 1934. 12. 23.
8 「악기점의 방송은 / 일반 교통의 방해」, 《조선일보》, 1932. 2. 13.

한다.

일제가 만주사변을 일으킨 후 전시체제하의 이 땅에서 축음기는 아예 제조가 금지된다. 하지만 음악을 찾는 사람들의 욕망은 식지 않았다. 시내 악기점의 축음기 재고가 동나는 사태가 벌어졌고 "음악을 질겨하는 마음은 생활이 긴장되면 될수록 강해지는 것인지" 비상시국의 조선땅에서 음반 판매량이 "내지(內地, 일본)의 대도시에 지지 안흐리만치" 많았다.[9]

축음기는 애호와 비판의 엇갈린 시선을 동시에 받았던 당대의 뜨거운 화두였다. 그래도 노래가 주는 위안을 통째로 배격할 수는 없었다. 유행가 때문에 '레코드 정화'가 언론에 자주 언급되던 1938년 조선일보는 사설에서 이렇게 노래를 옹호했다.

> 설사 유행가에 어떠한 폐해가 있다고 하더래도 무조건 그것을 빼아서 버린다는 것은 너무나 서글프고 딱한 일이라 차라리 그 유행가를 통하야 우리들의 음악 감상력을 빨리 노피도록 노력하여야 할 것이다.[10]

---

9 「유행은 역시 유행가 / 안 팔릴 듯 팔리는 축음기 소리판」, 《조선일보》, 1938. 10. 9.
10 「축음기제(蓄音機祭)의 의의(意義)」, 《조선일보》, 1938. 6. 30.

활동 1 | 윗글에서 '축음기'에 대한 당시 사람들의 반응을 찾아 정리해 보자.

■ 긍정적 반응 : ....
....
....
....

■ 부정적 반응 : ....
....
....
....

활동 2 | 윗글의 '축음기'처럼 새로운 문물이 도입된 사례를 찾고, 이에 대한 사람들의 반응을 정리하여 발표해 보자.

사례	
반응	

반듯한 도로 위
다시 기억하는 역사

배지영

'평생'에는 세월이 스며 있다. 그래서 사람들은 "내 평생 이런 일은 처음이야."라는 누군가의 말을 흘려듣지 않는다. 어떤 이가 평생 처음으로 본 아름다운 풍경에 공감해주고, 평생 처음 겪는 슬픔을 위로해주고, 평생 처음 이룬 것을 축하해준다. 아기가 평생 처음으로 뗀 걸음마에 손뼉을 쳐주고, 평생 처음 말한 단어에 환호한다. 평생 처음 길을 잃은 십대 소년에게도 호의를 베푼다.

군산 원도심은 아파트 단지에서만 자란 소년에게 낯선 동네다. 사방으로 곧게 뻗은 도로가 방향감각을 상실하게 만드는 곳이다. 시골에서 신작로와 샛길을 걸어 다닌 어른들도 길을 잃고는 했다. 모퉁이를 돌면 또 이어지는 골목길 때문에 손바닥에 땀이 배었다. 정신을 바짝 차리고 걸었는데 어느새 해망굴 앞에 당도하고 말았다.

반듯한 도로 위 일본인 마을

군산 개항 이후, 영화동과 중앙로1가는 치외법권 지역인 각국 조계지로 정해졌다. 본디 그곳에 살던 우리나라 사람들은 쫓겨났다. 일본인들은 그 땅에 바둑판 모양의 격자형 도로부터 닦았다. 그런 다음에는 수탈을 공식적으로 뒷받침해

줄 관공서를 짓고, 일본인들의 고급 주택이 들어서도록 상수도를 놓았다. 신식 물건을 파는 일본상점들도 들어섰다. 돈 되는 일이라면 모두 일본인들이 선점해 나갔다.

> 일본사람들이 자꾸 밀려들면서 군산은 더 분주해지고 활기에 넘치고 있었다. 인력거를 부르는 일본말이 이쪽저쪽에서 울려대고, 큰길이며 골목마다 게다짝 끌리는 소리들이 무슨 장단을 맞추듯이 이어지고, 크고 작은 집들을 지어대느라고 사방이 떠들썩한 공사판이었다.

조정래의 소설 『아리랑』 2권에 나오는 군산 모습이다. 농사짓던 땅을 빼앗기고 군산으로 모여든 사람들은 일본인 가정에서 식모살이를 하고, 정미소 옆 미선소에서 좁쌀과 돌을 골라내고, 펄에 돌벽을 쌓아 축대를 만드는 축항 공사를 하고, 군산역에서부터 해변까지 단선 철로를 놓고, 부두에서 짐을 날랐다. 크게 한탕을 노리는 사람들은 빚을 지고서도 미두(현물 없이 약속으로만 미곡을 거래하는 투기)를 했다. 으스대는 일본인들 밑에서 숨죽이고 사는 사람 중에는 독립운동에 힘을 보태는 이들도 많았다.

1910년 원도심 모습 바둑판처럼 반듯하게 닦인 격자형 도로는 일본인이 터전을 잡으며 계획적으로 만든 도시의 모습이다. 군산진 자리에 일본 영사관을 두고 종으로는 1조통에서 9조통까지, 횡으로는 전주통(현재 영화동), 본전통(현재 해망로) 등의 일본 도시 가로명을 붙여 도시를 형성했다.

제4장 문화와 인간

발길 끊긴 50년의 번화가

자국이 패망하자 일본인들은 떠났다. 일본 글자로 쓰인 상점 간판은 내려졌다. 마치 일본의 어느 도시인 것처럼 흔하게 들리던 일본어도 소멸했다. 일본인들이 설계해서 닦은 원도심의 도로와 건축물들은 부수지 않고 우리 것으로 썼다.

폭우가 쏟아져도 물이 쏙쏙 잘 빠져서 수해를 입지 않는 원도심은 해방 후에도 번화가였다. 군산시민들은 거의 원도심과 그 주변에서 물건을 샀다. 젊은이들은 맞선을 보고 영화를 보고 약혼 사진을 찍었다. 결혼식 폐백에 입을 한복을 맞추고 예복을 샀다. 원도심은 수학여행 가기 전날 학생들이 옷을 사러 오는 곳이었고, 대학 입시를 마친 후 통과의례처럼 들르는 나이트클럽도 있었다.

50여 년이 흐른 1990년대 중반, 흔들림 없던 원도심의 명성에도 틈이 생겼다. 메울 수 없는 커다란 구멍이 나고 말았다. 군산시청과 법원이 조촌동으로 옮겨갔고, 상권은 믿을 수 없을 만큼 빠르게 나운동으로 옮겨갔다. 2000년대 지나서는 아파트로 떠날 수 없는 사람들만 원도심에 남았다. 형편 어려운 사람들만 단출한 짐을 싸 들고 이사 왔다.

원도심에 존재하는 집들도, 거주하는 사람들도, 빠르게 늙는 듯했다. '점포 임대'를 써 붙인 상점은 후줄근해 보였고, 유리창이 깨진 빈집 마당에는 잡초가 무성했다. 못 쓰게 된 가전제품은 버려져서 며칠씩 길을 가로막았다. 골목 언저리의 평상에 앉아서 사람 구경을 하는 어르신들은 지나는 사람들이 들을 수 있게 읊조렸다.

"이 동네는 인자 도둑도 안 들어. 가져갈 것이 없잖혀."

군산 시간여행의 시작

사람들의 발길이 끊긴 동네에 숨결을 불어넣은 건 여행이었다. 군산시의원 ○○○ 씨는 일제강점기의 아픔이 고스란히 남아 있는 원도심의 근대문화유산에 주목했다. 호남 최초로 만세운동을 하고, 일본인 농장주들에 맞서 싸운 농민항쟁 정신을 되살려 '근대문화축제'를 열자고 했다. "잘못했다가는 친일파 됩니다."라고 주저하는 공무원들에게 미션공과 독립군 체험, 만세운동 재현 같은 형식을 제안했다. 마침내 2013년, '군산시간여행축제'가 열렸다.

성공적이었다는 자평은 괜한 말이 아니었다. "군산은 당일치기면 볼 거 다 봐요. 잘 데도 없잖아요."라고 말하던 여행자들은 축제 기간이 아닐 때도 원도심에 찾아왔다. 여행자들의 추억은 인터넷으로 번져갔고, 군산은 매력적인 여행지라는 입소문이 났다. 부안이나 전주로 가다가 잠깐 들르던 곳에서 하룻밤 묵어가는 여행지가 됐다.

2014년에는 예능 TV 프로그램 〈1박 2일〉 군산 편이 방송에 나왔다. 집에서 텔레비전을 보던 군산시민들이 가장 놀랐다. "군산에 저런 데가 있었어? 우리도 가보자."는 말이 자연스럽게 나왔다. 사람들의 발자국 소리가 원도심을 활기차게 만들었다. 상점에는 손님이 늘고, 1930년대와 똑같은 가로등이 거리에 세워졌다. 일관성 있게 디자인한 간판을 달자 '일본의 어느 동네' 같기도 했다.

시간여행축제 퍼레이드 시간여행축제는 근대문화유산을 소재로 한 창의적인 축제로 꼽히며 전국의 많은 관람객에게 사랑받고 있다. 슬픈 역사를 고스란히 안고 잊혀가던 원도심은 이 축제로 새로운 활력을 얻고 있다.

신흥동 일본식 가옥, 동국사, 근대역사박물관, 옛 군산세관, 조선은행처럼 이름난 곳만 가던 여행자들이 원도심격자형 도로의 골목길로 들어갔다. 여기저기 덧대고 고친 일본식 가옥들이 있었다. 욕조에 채전을 기르는 다정한 골목을 지나고, 도둑이 못 들게 담장 위에 유리병을 꽂아놓은 철통 보안 골목을 걷다가 멈췄다. 골목에 불을 켠 듯 환한 벚나무가 있었다. 가을에는 은행잎이 수북하게 떨어져 골목은 노란색으로 변했다.

신나게 놀며 되새기는 역사

　군산시간여행축제는 한곳에 머무르지 않고 활개를 치며 노는 아이들 같았다. 원도심 전체를 축제의 장으로 활용했다. '각시탈 체험'을 하는 여행자들은 곳곳에 버티고 서 있는 왜놈 순사들을 무찌르면서 태극기를 완성해 나갔다. 연기에 몰입한 순사들은 실제 상황처럼 각시탈의 뒤를 쫓고, 길 가던 여행자들도 "대한독립만세"를 떼로 외쳤다. 노란 셔츠를 입은 어린이 독립군들은 순사의 눈을 피해서 정해진 장소에 몰래 잠입했다. 즐겁게 놀고 나면 장하다고 메달을 받았다.
　한바탕 어울린 뒤에 갑자기 찾아오는 허기. 원도심에는 청년들이 새로 연 식당과 수십 년 전통을 가진 식당이 사이좋게 어울려 있다. 푸짐하게 먹은 여행자들은 격자형의 도로를 정처 없이 걸어 다닌다. 그때 일본식 숙소인 여미랑의 맞은편으로 이끌려가는 여행자들이 있다. 100여 년 된 적산가옥을 고쳐서 만든 '군산항쟁관'이다.

군산항쟁관 2층의 작은 목조건물로 지어진 적산가옥을 고쳐 만든 군산항쟁관은 직선 형태의 일본식 가옥 특징이 그대로 드러난다. 이곳에서는 임피장터 3·1운동부터 옛 군산경찰서 앞 항쟁운동까지 군산 항쟁의 역사를 느낄 수 있다.

 항쟁관 1층에는 임피장터 3·1운동, 옥구 소작쟁의, 군산경찰서 앞 항쟁 등이 기록되어 있다. 한쪽 벽에는 우리가 아는, 죽어서도 잊지 않을 독립운동가들의 흑백사진이 걸려 있다. 경사가 심한 항쟁관 2층은 어쩐지 불안해서 쭈뼛거리며 오른다. 나와 같은 사람들이 견고한 철창 속에서 고문당하고 있다. 모형일 뿐인데도 몸이 움츠러들고 고통이 느껴진다. 꾸며낸 이야기가 아니라 실제로 일어난 일이었으니까.

 드넓은 들에 항구를 끼고 있는 도시, 그래서 더 철저하게 유린당하고 수탈당했던 곳. 군산은 고통스러운 역사를 꽁꽁 싸매 놓지 않는다. 사람들을 불러 모아서 놀다가 무심코 속을 보여준다. 우리 민족은 일제에 맞서 계속 싸웠다는 걸 기억하자고, 다정하게 격자형 도로를 걸으면서도 잊지 말자고 약속한다.

활동 1 윗글에서 '군산시간여행축제'가 성공한 이유를 찾아 제시해 보자.

....
....
....
....
....

활동 2 지역의 특성이 잘 드러난 축제를 조사하여 발표해 보자.

지역명	
축제명	
축제의 특징	

종합 활동

1. 지역을 정해 볼거리 및 먹거리 등의 다양한 문화 콘텐츠를 모둠별로 조사해 보자.

지역명	
볼거리	
먹거리	
기타	

2. 위의 활동을 바탕으로 지역 문화 콘텐츠의 기획안을 모둠별로 작성하여 발표해 보자.

기획명	
목적	
내용	
기대효과	

제5장

공동체와 소통

제5장 공동체와 소통

　　인간은 태어나서 죽을 때까지 혼자서는 살 수 없는 존재이다. 가정과 학교, 사회 등에서 타인과 다양한 관계를 맺고, 경쟁을 하거나 협력을 하면서 살아간다. 인간은 사회적 동물이라는 아리스토텔레스의 말을 언급하지 않더라도, 인간 사회에서 공동체 의식은 현대사회를 살아가기 위한 필수적인 요소이자 개인을 사회적 존재로 거듭나게 하는 증표가 되고 있다. 공동체 의식은 동일 사회에서 함께하고 있다는 생각과 감정이며, 공동의 문제를 함께 해결하고 참여하려는 것이다. 이러한 공동체 의식은 과거 조상들이 농사일을 공동으로 하기 위해 조직했던 두레나 권선징악과 상부상조를 목적으로 만든 향약 등에서도 확인할 수 있다. 이처럼 인간은 동시대의 사회 구성원들과 함께 공동체를 형성하고, 그들과 같은 울타리 안에서 함께 살아가기를 희구하는 존재이다.

　　그런데 한 사회를 구성하는 사람들은 서로 추구하는 삶의 가치와 인식이 다를 수밖에 없다. 그들은 외모뿐만 아니라 생각, 성격, 취미도 다르고 처해 있는 상황도 모두 다르다. 그러므로 공동체 사회에서는 구성원에 대한 이해와 다른 사람의 입장을 헤아리려는 배려의 정신이 무엇보다도 필요하다. 공동체적인 삶의 이면에는 구성원 사이의 원활한 소통이 전제되어야 한다. 사회 구성원들이 원활하게 소통하기 위해서는 건강한 공동체 의식을 함양하는 것이 기본적인 덕목이다. 그렇게 했을 때 공동체 사회가 바로 설 수 있고, 그 안에서 살아가는 사회적 존재로서 개인의 삶도 원만하여 모두가 행복한 삶을 누릴 수 있기 때문이다.

　　이 장에서는 공동체와 소통에 대해 생각해 보려고 한다. 「잊힌 단어 '공동체'」에서는 현대 사회에 나타나는 주거공동체 및 주거협동조합 등의 사례를 통해 이웃과의 관계를 되살리려는 공동체 의식을 확인할 수 있다. 「인간과 커뮤니케이션」에서는 인간은 다른 사람과 관계를 맺고 소통을 하는 존재라고 말한다. 소통은 서로를 알게 하고 느끼게 하는 교감과 공감뿐만 아니라 협력하고 공존하는 관계에서 비롯하고 있음을 강조하고 있다. 「뭉치면 커진다」에서는 동물들의 '무리 짓기'가 정보를 쉽게 얻을 수 있게 해 주거나 위험한 상황을 쉽게 피할 수 있게 해 주는 일석이조의 생존방식을 가장 효율적으로 이용하는 수단이라고 말한다. 이러한 글들을 바탕으로 이 장에서는 공동체 사회에서 구성원과 더불어 살아가기 위해 공동체 의식과 소통이 얼마나 중요한가에 대해 고찰할 수 있을 것이다.

잊힌 단어 '공동체'

김수동

시니어공동체주거, 지금은 공동체를 강조하지만 나도 처음에는 셰어하우스 같은 공유주택의 경제적 효용성에 중점을 두고 접근을 했었다. 시간이 갈수록 소득은 줄어드는 상황에서 길어진 노년의 삶에 대비하여 스스로 주거안정을 꾀하여야 하는 서민 중산층 중장년 가구들이 마음을 모으면, 보다 더 좋은 주거환경에서 주거비와 생활비도 줄일 수 있을 것이라는 단순한 생각이었다.

그러나 가까운 관계일수록 계산은 분명해야 하고 사적인 이익추구가 당연시되는 우리 사회에서 개별 가구가 주거라는 중요한 경제사회적 통합을 이루는 것은 쉬운 문제가 아니다. 이 문제에 대해 오랜 시간 고민을 하였다. 그 결과 경제적 통합에 앞서 참가자들이 함께 공유해야 하는 중요한 가치를 찾고 마음을 모으는 과정이 선행되어야 함을 자연스럽게 알게 되었다. 그것은 결국 '공동체'의 문제이다.

그런데 문제는 "우리는 이미 '공동체'에 대한 느낌을 잃어버렸다"는 것이다. '공동체'란 "관념적으로 좋기는 한 것 같은데, 이룰 수는 없는 것"이라고 많은 사람들은 생각하고 있다.

반면에 소수이긴 하지만 이미 '공동체'를 경험한 사람도 여럿 만날 기회가 있었다. 주로 공동육아, 마을공동체, 협동조합 등의 분야에서 활동했던 사람들. 이들에게서 공통적으로 발견한 것은 상처다. 기대와 열의를 가지고 참여했던 공동체에서 권력에 의한 서열화, 소외와 배제를 경험하며, 갈등을 겪고 싸우다 지쳐 떨어져 나왔던 아픔을 가진 사람들.

결국은 공동체를 경험하지 않은 사람들은 물론, 경험했던 사람들조차도 주거공동체에 대해 "이상적이긴 하지만 실현은 어려운 것"이라고 이야기를 한다. 반면에 나는 "어렵겠지만 불가능하지 않으며, 초기 고비를 넘고 경험을 축적하면 **빠르게 확산될 수 있다**"라는 믿음으로 국내외 사례를 조사하였다.

　　의외로 다양한 사례들을 발견할 수 있었다. 국내에서도 주로 청년들의 이야기이긴 하지만 우동사[1], 빈집[2], 모두들[3] 같은 다양한 주거공동체 및 주거협동조합을 찾을 수 있었다. 우동사에 대해 알고 있는 사람들은 이야기한다. "우동사는 정토회 출신이라는 특수성 때문에 가능했던 것이다"라고.

　　맞다. 나는 이 주장을 부정하지 않는다. 다만 사람들은 정토회 자체를 이야기하지만 나는 우동사의 탄생과 운영에서 '정토회의 역할'에 주목한다.

　　많은 공동체 갈등의 주요한 원인 중 하나는 가치지향이 뚜렷하지 않거나, 공동체의 가치를 공유하지 않는 사람들을 구성원으로 받아들이는 것이다. 나는 공동체주거가 모두를 위한 대안이라고 생각하지 않는다. 내가 생각하는 공동체주거의 대상은 돈보다는 가치지향적 삶을 추구하며, 권위적이지 않고 수평적 사고가 가능하며, 공동체를 고려한 배려심과 책임감이 있는 사람이다.

　　내가 만난 우동사 식구들은 나이를 떠나 인간적 성숙도가 높은 사람들이다. 이제 많이 성장하고 외연을 확장한 우동사는 정토회 청년들의 종교적 공동체라

1　우동사(우리 동네 사람들). 정토회에서 활동하던 여섯 명의 청년들이 시작한 주거공동체. 인천 서구 검암동 일대에 청년들이 모여 살면서 '주거'와 '경제' 문제를 함께 고민하며 새로운 삶의 방식을 모색하고 있다.
2　해방촌 빈집/빈마을. 이태원 해방촌 근처에 위치한 '게스츠하우스 빈집'. 아, '게스츠하우스'는 오타가 아닙니다! 여기에서는 누구나 주인이기도, 손님이기도 하다는 의미로 'Guests House'라고 한다. 우리가 보통 알고 있던 집이나 게스트하우스의 개념이 해당 부동산을 '소유'하는 것에 중점을 둔다면, '게스츠하우스 빈집'의 경우에는 기존의 개념을 탈피하고, 구성원 모두가 '소유'의 책임과 거주자로서의 권리를 균등하게 분담함으로써 새로운 형태의 공동체를 형성하였다.
3　청년주거협동조합 모두들. 경기 부천시 소사구 소사본동에 있는 두더지하우스는 청년주거협동조합인 '모두들협동조합'이 운영하는 임대주택이다. 지역에서 학교나 직장에 다니는 청년들의 생활공동체. 모두들이라는 이름은 '모여라 두더지들'의 약자다. '자기만의 굴 속에 틀어박혀 자신을 둘러싼 어려움에 괴로워하는 두더지의 모습이 오늘날 청년들과 닮았다'는 의미에서 두더지라는 이름을 사용했다.

기보다는 중요한 삶의 가치를 공유하는 청년들의 생활공동체라고 보아야 할 것이다.

인생의 풍부한 경험과 연륜을 지닌 성숙한 시니어들이 서로 소통하며 관계를 맺고 공통의 가치지향을 뚜렷이 하고 그 가치를 지켜나갈 때, 우동사 못지않은 멋진 시니어 주거공동체가 충분히 가능하다고 확신한다.

공동체주거에 대해 관심을 가진 사람들과 이야기를 나누다 보면, 공동체주거의 장점과 효과에 대해서는 많은 공감을 한다. 그러나 공동체주거의 핵심인 공동체의 개념에 대해서는 사람마다 다양한 견해와 차이가 존재함을 느끼게 된다. 그래서 공동체주거를 추진함에 있어 입주 희망자들이 충분한 시간을 가지고 대화와 토론을 통해 공동체 형성과정을 거치는 것이 반드시 필요하다.

제일 먼저 시작해야 할 것은 주거공동체에 대한 각자의 기대와 우려를 확인하는 것이다. 주거공동체에 대해 최근 미디어를 통해 표현되는 키워드는 다음과 같다.

- 독립적이지만 고립되지 않은
- 사회적 가족[social family]
- 협력적 주거[co-living]
- 의식주가 아닌 연식주(緣食宙)
- 프레밀리(friend + family)
- 따로 또 같이

이 키워드들이 공통적으로 내포하는 것은 공동체의 장점은 물론 좋지만 나의 독립적인 삶 또한 중요하고 보호받고 싶어한다는 것이다. 즉, '느슨한 공동체'를 원한다는 것이다.

또 한 가지 중요한 것은 한국사회에서 '공동체'의 의미가 이중적인 면을 지니고 있다는 것이다. 사람들은 '공동체'란 말을 들을 때, 장점만 생각하는 것이 아니라 자유에 대한 구속과 이념적 거부감과 같은 부정적 이미지가 작용한다.

따라서 공동체주거 확산을 위해서는 이러한 공동체에 대한 부정적 이미지를 불식시키고 느슨한 관계로서의 공동체주거의 현실적인 모습을 가시화함으로써 충분히 선택 가능한 삶의 형태로 일반 사람들에게 인식시킬 필요가 있다. 그런 의미에서 최근 들어 공공부문에서 공동체주택에 관심을 가지고 개념을 정리하는 시도는 매우 바람직한 변화라고 할 수 있다.

서울시 홈페이지에 나와 있는 공동체주택의 정의는 다음과 같다.

> 공동체주택이란 획일화된 아파트에서는 불가능한 나만의 취향이 담기고 이웃과 함께 하는 집, 같이 만들고 함께 누리는 주택, '삶을 공유'하는 맞춤형 주택입니다. 공동체주택은 공동의 목적을 가진 사람들이 함께 거주하여 물건, 공간, 함께 사는 사람들의 시간도 '공유' 하며 삶의 질을 높이는 주택입니다.

또한 SH공사는 공동체주택에 대한 정의를 '공통 목적을 가진 시민들 스스로 주택을 계획하고 거주하고 공유하며 함께 사회문제를 해결할 수 있도록 지원하는 주거모델'로 설명했다.

그렇다. '공동체', 그것은 결국 우리의 욕망과 함께 사라졌던 골목길과 그 안의 사람들을 다시 기억해내는 것이다. 그리고 비록 돈은 없어도 행복했던 삶과 이웃들과의 관계를 되살리는 것이다.

이제야 우리는 깨닫게 되었다. 문제는 돈이 아니라는 것을. 물론 의식주 전반에서 우리의 삶에 어느 정도의 돈이 필요하지만 그 외의 것에서 돈으로 해결되는 일은 거의 없다.

> 하버드대학은 1938년부터 미국 남성 724명의 삶을 해마다 추적해 직업과 가정생활, 건강 상태를 데이터화했다. 무엇이 건강하고 행복한 삶에 이르게 하는지 연구하기 위해서였다. 그 결과 연구진은 한 가지 사실을 확인했다. 행복은 부나 명예를 통해 얻어지는 것이 아니라 좋은 관계를 통해 얻어진다는 사실. 가족, 친구, 공동체와의 사회적 관계가 건강과 직결되며, 친구의 수보다 관계의 질이 중요하다는 것을 밝혀내었다.

그러나 지난 시간 덧없는 부와 명예를 구하고자 얼마나 많은 관계를 소홀히 해왔던가……. 결과적으로 돈도 사람도 다 잃어버리지는 않았는가?
 공동체, 그것은 절대 돈으로 살 수 없는 것이다.

활동 1 윗글의 주제를 한 문장으로 써 보자.

■ 주제문 : ....
....
....

활동 2 공동체 구성원으로서 지켜야 할 규칙을 만들어 보자.

공동체의 형태	
규칙	
규칙 제정의 이유	

인간과 커뮤니케이션

김정기

커뮤니케이션이 만드는 관계

관계를 맺으며 살아야 하는 것은 인간의 본능이고 숙명이다. 혼자이고 싶다가도 또 다른 인간을 찾아 나서는 것이 인간이다. 관계에는 좋은 관계도 있고, 나쁜 관계도 있다는 것은 우리의 경험이다. 돈, 권력, 이익, 아첨, 거짓, 외모, 취미, 승진과 같은 요소에 근거하는 관계는 일시적일 뿐 장기적으로는 안정적이지 않다. 평화롭지도 않고 갈등적이다. 이런 관계는 우리를 괴롭게 한다.

인간이 얼마나 대화할 상대를 필요로 하는 사회적 동물인가 하는 점은 영화 〈캐스트 어웨이(Cast Away)〉에서 적나라하게 드러난다. 톰 행크스가 열연하는 주인공 '척 놀랜드'는 국내외로 소포를 배달해 주는 페더럴 익스프레스의 직원으로 비행기로 수하물을 운송하던 중에 사고로 무인도에 표류하여 혼자서 살게 된다. 생존과 생명 유지의 어려움을 점차 성공적으로 극복해 가면서 척은 견딜 수 없는 커뮤니케이션 욕구에 시달린다. 살만해지니 커뮤니케이션에 대한 욕구가 살아난 것이다. 아래는 무인도에서 척 놀랜드와 윌슨의 대화이다.

> (불이 없어서 음식을 날것으로 오랫동안 먹어 온 주인공. 음식을 좀 다르게 조리하고 싶은 심정이다.)
> **척 놀랜드**: 혹시 성냥 없겠지? 그치?
> **윌슨**: ……. (대답 없이 조용히 있다.)
> (일체 답변이 없는 윌슨에 개의치 않고 척은 말을 자주 건다. 오랫동안 날것인 채로 먹어야 했던 게를 불에 익혀 먹으면서 대화한다.)
> **척 놀랜드**: 게, 정말 맛있다.
> **척 놀랜드**: 넌 아마 이 맛 모를 거다…….

(동굴에서 자다가 갑자기 윌슨을 동굴 밖으로 던진다.) (곧 윌슨을 찾으러 나간다.)
척 놀랜드: 윌슨, 윌슨! 윌슨, 윌슨! (윌슨을 부르며 운다).
척 놀랜드: 오 오 오! 다시는 다시는 안 그럴게! 다시는.
척 놀랜드: (윌슨을 찾아와서는) 그래 화나지 않았지? 응? 괜찮지?
(자신이 만든 엉성한 뗏목을 타고 무인도를 탈출하기 위해 바다로 나가면서)
척 놀랜드: 자넨 아무 걱정할 필요 없어. 내가 다 잘할 테니까. 자넨 꼭 잡고만 있어.
(폭풍우를 만나 큰 시련을 겪고 잠들었다 깨어나 윌슨을 찾는다.)
척 놀랜드: (주위를 두리번거리며) 윌슨, 윌슨! (윌슨이 바다로 떠내려가는 걸 발견한다.)
척 놀랜드: 윌슨, 윌슨!! 윌슨 윌슨 미안해, 미안해 윌슨. 윌슨 미안해 미안해 내 잘못이야 윌슨 윌슨!
(파도에 실려 멀리 밀려가는 윌슨을 보고 통곡하며 슬프게 운다.)

좀 장황하게 척 놀랜드와 윌슨의 소통에 대해 묘사했다. 물론 이들의 대화가 어색하고 이상하다는 눈치를 챘을 것이다. 윌슨이 듣고 말하는 데 장애가 있거나, 상대를 무시하는 성질이 고약한 사람으로 생각할 수 있다. 아니면 묵언으로 커뮤니케이션을 하는 도사? 요즘 장려되는 쌍방향 커뮤니케이션과는 동떨어진, 척 혼자서만 말하는 일방적인 커뮤니케이션 상황이 답답할 것이다.

사실 윌슨은 바닷물에 밀려온 배구공에 척이 바람을 불어 넣고 사람의 얼굴 모양을 그린 후에 지어준 이름이다. 그런 윌슨을 바위 위에 놓고 어느 날부터 척이 일방적으로 대화하기 시작한 것이다. 윌슨은 얼굴이 그려진 배구공이고, 척은 사람이다.

척은 점점 더 절실해지는 커뮤니케이션 본능에 참을 수 없어서 배구공을 '윌슨'이라는 이름으로 호칭하며 가까운 곳에 놓아두고 말을 건넨다. 가족이나 친구에게 말하듯이 안부를 묻고, 자신의 답답한 사정을 하소연하며 커뮤니케이션 욕구를 충족한다.

배구공 월슨과 커뮤니케이션하는 톰 행크스
영화 〈캐스트 어웨이〉의 스틸.

급기야 주인공은 배구공 월슨과 감정을 교류하고 친구처럼 대화하기 시작한다. 비정상적인 일이지만 사람이 얼마나 다른 사람과 관계를 맺고 소통을 하고 싶어 하는 존재인가를 알려준다. 말 상대를 해줄 다른 사람이 없으면 다른 무엇과도 이야기하고 싶어 하는 인간의 모습. 이처럼 사람에게 커뮤니케이션은 피할 수 없는 절실한 본능이다. 인간은 다른 사람과 이야기를 하고 싶어 하고 이야기를 통해 타인과 관계를 맺고 싶어 하며 커뮤니케이션을 통해 밀실에서 벗어나 광장의 다른 인간들과 소통하고 싶어 한다.

관계, 생명 보존과 광장 지향의 본능

인간이 커뮤니케이션을 통하여 타인과 관계를 맺고 싶어 하는 것은 본능이다. 관계를 지향하는 본능은 아마 생명을 보존하고 유지하려는 욕구에서 비롯되는 것으로 보인다. 모두가 잘 아는 매슬로우(Maslow) 방식으로 얘기하면 생리적 욕구 충족 본능의 다음 단계인 생명의 안전을 추구하는 욕구 충족을 위한 의식이자 행동일 것이다.

고고의 소리를 울리며 탄생한 갓난아기 인간은 상당기간 외부의 위협에 대해 절대적으로 취약한 동물이다. 다른 어떤 생명체와 비교해도 생명보존을 할 수 있는 자체 방어력이 아주 떨어진다. 동식물, 타인을 포함하는 외부의 공격으로부터 자신의 생명을 지키는 것이 불가능할 정도로 허약한 동물이다.

본능적으로 이런 치명적인 결함을 느끼는 인간에게 다른 사람과 어울리려는 사회적 동물로서 본능은, 위험을 분산하고 생명 보존의 욕구에 충실하려는 구체적인 행위로 볼 수 있다. 결혼도 그런 욕구의 기본적인 실행 형태일 것이다. 다른 유사 형태는 또 다른 자신이라고 믿는 자녀를 갖는 것이다. 자기 생명의 보존과 지속을 위해 결혼과 자녀라는 가족 관계를 형성하는 것은 관계의 한 유형이다.

인간은 가족 형성을 염두에 두고 경쟁을 마다하지 않는다. 짝을 찾기 위해 온갖 간난을 무릅쓴다. 현대에서도 이 욕구는 여전하다. 예를 들어 방송의 다양한 유형의 프로그램에서도 알 수 있다. 결혼을 해보지 않은 젊디젊은 20대부터, 이혼의 경험을 가진 사람들을 대상으로 하는 재혼(의 가능성을 염두에 두는) 프로그램 등 사례는 많다. 얼마 전에 연애 리얼리티 프로그램에 출연했던 한 여성 출연자가 자살한 충격으로 세상이 떠들썩했다. 그 여성은 (자신이 경쟁에서 실패한 모습을 생생히 담은) 방송이 나가면 더 이상 한국에서 못 산다고 엄마에게 알렸다고 한다. 자살의 배경에는 상업적 목적을 위한 리얼리티 프로그램들이 출연자의 인격을 무시하는 무자비한 잔인함과 관음증을 충족하려는 일반 대중의 무분별한 기대가 똬리를 틀고 있지만, 타인(들)과 관계 맺음이 인간에게 얼마나 치명적일 수 있는가를 대변한다.

현대로 오면서 더 많은 요인들이 타인과의 관계형성에 개입하게 된 것은 사실이지만 광장을 지향하는 인간의 본능도 관계 맺기의 또 다른 핵심 이유이다. 현대사회가 주는 외로움과 소외감에 시달리다가 광장의 타인들을 찾아가는 과정도 얼마나 만만치 않은가는 경험적으로 알고 있다. 광장의 사람을 찾아가는 과정 또한 매우 리얼한 슬픔과 기쁨, 좌절과 희망, 고통과 희열, 불만과 충족, 불행과 행복 등 복합적인 감정을 수반한다는 것을 우리는 안다.

자신과 다른 사람과 관계를 맺는 모든 행위는 본능의 연장이고 확대의 성격을 띠지만, 광장의 관계는 개인의 사회적 생존에 불가피한 행위이다. 어디로 튈지 모르는 럭비공 같은 과정이지만 행위가 예비된 본능이다.
　기본적으로 관계는 광장 지향의 행위이다. 광장은 복수 이상의 사람들이 심리적 감정적 행동적으로 함께 어울리는 공간이다. 너무나 개인적이고 자의적이어야 하는 밀실의 공간과는 다른 공개된 공간이다. 인간은 스스로 밀폐한 공간에서 자유롭게 구축한 자신의 세계를 꺼내어 광장에서 타인의 세계와 소통한다. 서로의 세계는 광장에서 대립 · 경쟁 · 불화 · 반목 · 이해 · 협력하며 소통하는 관계를 형성한다.
　소통의 관계는 서로의 이해를 떠나 타인에 대한 불확실성을 감소하는 데 초점을 맞춘다. 특정 이익이나 의견만을 쫓기 위해 머리를 굴리기보다는 서로를 알게 하고 느끼게 하는, 교감과 공감에 주력할 때 소통 커뮤니케이션이 꾸미는 광장은 외롭지 않고 따뜻하다. 경쟁과 승리가 아닌 협력하고 공존하는 관계를 위한 광장에는 순수한 소통의 지혜가 쌓인다.

활동 1 | 윗글에 나온 '척 놀랜드'의 행위에 대해 자신의 생각을 밝혀 보자.

....
....
....
....
....
....

활동 2 | 통신수단이 끊긴 채 외부와 단절된 곳에서 혼자 지내야 한다면 어떤 일이 벌어질지 상상해 써 보자.

....
....
....
....
....
....
....
....

뭉치면 커진다

이나가키 히데히로

약할수록 크게 뭉친다

항상 똘똘 뭉쳐 다니는 사람들을 향해 '약할수록 뭉쳐 다니고 싶어 한다'거나 '약한 사람은 혼자서는 아무 것도 못 한다'고 비아냥대는 경우가 있다. 아주 틀린 말은 아니다. 자연계에서도 약한 생물은 무리를 짓는다. 작은 물고기인 정어리는 새카맣게 떼를 지어 헤엄을 침으로써 큰 물고기로부터 몸을 지키고, 얼룩말도 사자를 경계하기 위해 무리를 지어 산다.

육식동물의 입장에서 피식자의 무리 짓기는 오히려 먹잇감을 발견하기 쉽게 만들어 주는 조건이다. 사람에 빗대면 좋아하는 음식으로만 차려진 진수성찬을 눈앞에 둔 것처럼 느껴질 것이다. 그런데 왜 피식자들은 굳이 무리를 만드는 것일까?

천적에 대한 대항 수단으로서 생물이 무리를 지어 다니는 데에는 몇 가지 이유가 있다. 우선 천적에 대한 경계 능력이 높아진다. 한 마리가 경계할 때보다 많은 개체들이 모여 경계할 때 천적을 감지하고 알아보기 쉽다. 아무도 없는 곳에서 혼자 풀을 뜯고 있으면 먹는 데 정신이 팔려 천적이 다가오는 것을 알아채지 못할 수도 있지만 다른 동료가 망을 보고 있으면 남은 한 마리는 마음 놓고 식사를 할 수 있다.

사바나 초원에는 얼룩말, 가젤, 기린 등 여러 종류의 초식 동물들이 한데 모여 살고 있다. 목이 긴 기린은 먼 곳을 내다볼 수 있는 대신 가까운 곳은 잘 살피지 못한다. 하지만 얼룩말은 먼 곳을 보지 못하는 대신 가까이 있는 것은 잘 살필 수 있다. 가젤은 청각이 예민해서 외부의 소리를 재빨리 알아챌 수 있다.

그렇게 모여 있던 무리 중 한 마리가 위험을 감지하고 도망치기 시작하면 무리 전체가 일제히 도망을 치기 시작한다. 다양한 능력을 가진 동물들이 힘을 합쳐 천적에 대항하는 것이다.

또 무리를 지어 다니다 보면 각 개체의 입장에서는 습격을 당할 위험이 감소한다. 무리가 습격을 당하더라도 주변에 동료가 많이 있으면 자신이 천적의 표적이 될 확률이 그만큼 줄어든다. 맹수가 무리를 습격하더라도 먹잇감이 되는 것은 그중 한 마리뿐이기 때문이다. 혼자라면 먹잇감 후보도 자신 하나밖에 없기 때문에 공격을 피하기 어렵지만 무리 속에 뒤섞여 있으면 자신이 목표물이 될 확률은 낮아진다. 이것을 희석 효과라고 한다.

뜀박질이 느린 동료가 있으면 그 동료가 포식자의 주의를 끄는 사이 나머지는 도망칠 수 있다. 발이 느린 개체의 입장에서도 일제히 도망을 치고 있으면 자기가 목표물이 될 가능성은 그만큼 낮아진다. 발이 빠른 동료들에 비해 먹잇감이 될 확률이 상대적으로 높기는 하지만 무리가 크면 클수록 자신이 표적이 될 위험도는 떨어지게 된다.

오합지중, 우습게 볼 수 없다

오합지중(烏合之衆)이라는 고사성어가 있다. '까마귀처럼 질서 없이 모인 무리'를 뜻한다. 까마귀들이 모이면 아무 목적도 규칙도 없이 그저 시끄럽게 울기만 한다는 발상에서 만들어진 말이다. 그러나 까마귀는 사람들의 생각처럼 이유 없이 모여 있는 것이 아니다.

까마귀는 기본적으로 무리를 만들지 않고 각자 자기 영역을 확보해 단독으로 행동하는 새다. 하지만 아직 제 앞가림을 못 하는 어린 까마귀는 무리를 지어 행동함으로써 맹금류 등 천적으로부터 도망치거나 동료와 힘을 합쳐 효율적으로 먹이를 찾는다.

성장을 마친 까마귀도 번식기를 제외하면 밤에는 집단을 이루어 보금자리를 만든다. 까마귀에게 밤은 가장 무방비한 시간대이기 때문에 큰 무리를 만들어 독수리나 올빼미로부터 몸을 지키는 것이다. 또 까마귀는 둥지로 가기 전에도 먼저 모여서 무리를 만든 다음 주변이 안전한지 여부를 확인하고 나서 이동할 정도로 신중한 새다.

까마귀는 정보 전달 능력이 뛰어나서 우는 소리로 정보 교환을 한다고 알려져 있다. 어중이떠중이들의 모임이라는 야유를 받는 까마귀 무리에게도 그들만의 목적과 체계가 있다.

정어리가 무리를 짓는 이유

바다에도 피식자 무리가 존재한다. 정어리는 몇 만 마리로 이루어진 큰 무리를 지어 산다. 최근에는 대형 수족관에서도 거대한 정어리 무리를 볼 수 있게 되었다. 오른쪽 왼쪽으로 일사불란하게 움직이는 '정어리 덩어리[bait ball]'는 그 자체만으로도 장관을 이루며, 먹이를 주면 무리 전체가 움직이며 소용돌이를 일으키는 일명 '정어리 토네이도'로 수족관의 볼거리를 제공하고 있다.

그런데 수족관에 사는 정어리는 시간이 흐르며 점차 무리를 짓지 않는다고 한다. 수족관에는 천적이 없기 때문이다. 정어리가 이유 없이 모여 있는 것이 아니라 천적에 대항하기 위해 무리를 이루고 있음을 보여 주는 현상이다.

먹이를 노리는 큰 물고기가 작은 물고기 무리 주위를 헤엄치며 빙빙 도는 모습을 바다 생물을 다룬 다큐멘터리 등에서 어렵지 않게 볼 수 있다. 큰 물고기가 작은 물고기 무리 속으로 파고 들어가면 작은 물고기 떼는 그대로 먹잇감이 되어 버릴 것 같다.

하지만 그런 일은 쉽게 일어나지 않는다. 작은 물고기가 떼를 지어 일제히 헤엄을 치면 집단이 하나의 덩어리처럼 보여 마치 큰 생물 한 마리가 움직이는 듯 느껴져 큰 물고기도 위협을 느낀다. 작은 물고기가 무리를 지을 때 노리는 효과 중 하나다. 또 무리를 짓고 있으면 천적이 특정 목표를 정하기 어려워져 무턱대고 덤벼들어도 먹잇감을 포획하기 쉽지 않다. 결국 큰 물고기는 무리 안으로 섣불리 돌입하지 않고 무리에서 떨어져 나온 물고기를 잡아먹는다. 이처럼 작은 물고기라 해도 똘똘 뭉쳐 일제히 움직이면 천적을 위협할 수 있다.

사바나 초원에서와 마찬가지로 바다에서도 피식자들은 여럿이 모여 침입을 경계하는 쪽이 천적의 존재를 알아채기 쉽다. 천적뿐 아니라 먹이를 발견하기 쉬워지는 효과도 있다. 무리 짓기는 더 많은 정보를 얻을 수 있고 더 쉽게 위험을 피할 수 있는 일석이조의 생존방식이다.

정어리를 뜻하는 한자 鰯(한국에서는 멸치 약이라 읽는다-옮긴이)은 물고기 어(魚) 변에 약할 약(弱) 자를 더한 형태다. 정어리는 비늘이 쉽게 벗겨져 잡아 올린 후에 상처가 잘 난다는 이유에서 유래한 글자다.

사실 비늘이 쉽게 떨어지는 특성은 정어리의 생존 전략이기도 하다. 정어리의 비늘은 광택이 강해 반짝반짝 빛나 보인다. 반짝이는 비늘에 천적이 정신을 빼앗기고 있는 사이 정어리는 그 틈을 놓치지 않고 도망친다.

전갱이를 뜻하는 한자 鰺(한국에서는 비릴 소라 읽는다-옮긴이) 자는 물고기 변에 무리를 뜻하는 삼(參) 자를 더해 쓴다. 전갱이 역시 적으로부터 몸을 지키기 위해 떼를 지어 다니는 약한 물고기다.

청어, 고등어, 정어리, 전갱이 등의 공통점은 등이 파랗고 반짝인다는 것이다. 갈매기 같은 천적 물새들이 하늘에서 내려다봤을 때 바다의 푸른빛에 녹아들어 눈에 띄지 않기 위해서다. 반면 배는 흰색이라 바다 밑에 사는 천적인 대형 물고기나 돌고래 등이 올려다봤을 때 눈부신 햇빛을 받은 희뿌연 해면에 가려져 잘 보이지 않는다. 우리가 등푸른 생선이라 부르는 어류들은 모두 몸을 지키기 위한 보호색을 두르고 있는 셈이다.

강한 육식동물도 무리를 짓는다

약한 생물에 비해 그들을 잡아먹는 육식동물은 단독 행동을 하는 경우가 많다. 동료와 사냥을 하면 먹이를 나누어야 하지만 혼자 사냥을 하면 그만큼 많은 사냥감을 독차지할 수 있기 때문이다.

그렇다고 모든 육식동물이 무리를 짓지 않는 것은 아니다. 늑대는 무리를 지어 행동하는 대표적 맹수이다. 늑대는 분명 강력한 포식자이며 혼자서도 충분히 사냥을 할 수 있다. 그러나 아무리 강한 늑대라도 사냥감을 발견하지 못하면 살아갈 수 없다.

늑대는 사냥감을 확보하기 위해 자신만의 영역을 만드는데, 무리를 만들면 구성원의 숫자만큼 넓은 영역을 공유할 수가 있다. 영역이 넓을수록 사냥감을 발견할 기회가 커지기 때문에 서로 영역을 다투기보다 무리를 지어 사냥 가능한 영역을 넓히는 것이 늑대에게는 훨씬 유리하다.

늑대뿐만이 아니다. 백수의 왕이라 불리는 사자도 무리를 지어 산다. 사자 무리는 열 마리 전후의 암컷과 한두 마리의 수컷으로 이루어져 있다. 왜 사자처럼 강한 생물마저 무리를 만들어 사는 것일까?

사자가 사는 사바나에는 하이에나도 살고 있다. 하이에나는 다른 맹수가 먹다 남긴 찌꺼기를 먹고 산다는 습성으로 널리 알려져 있지만 실제로는 훌륭한 사냥꾼이기도 하다. 하이에나는 무리를 지어 사냥감을 포획하며 때로는 사자나 치타 같은 맹수로부터 사냥감을 빼앗아 오기도 한다.

사자와 하이에나가 일대일로 싸운다면 분명히 사자 쪽이 이길 것이다. 하지만 하이에나가 집단으로 덤벼들면 사자 쪽이 도망을 쳐야 하는 경우도 발생한다. 사자가 무리를 만드는 이유는 아직 명확히 밝혀지지 않았지만 혼자 있던 사자가 하이에나에게 잡아먹히는 장면 등이 목격되며 하이에나에게 대항하기 위해 무리를 만든다는 가설이 설득력을 얻고 있다.

또 앞서도 말했듯 얼룩말이나 누 등 사바나의 초식동물은 대부분 무리를 지어 살며, 사자가 다가오면 감시역의 신호에 따라 재빨리 도망친다. 때문에 포식자도 단독보다는 집단으로 사냥을 하는 쪽이 훨씬 효율적이다. 다시 말해 약자가 뭉치면 그에 대항하기 위해 강자도 무리를 지어야 한다.

사람들은 집단에 대한 조롱을 담아 '약할수록 뭉쳐 다니고 싶어 한다'는 말을 하고는 한다. 그러나 생물에게 있어 무리란 기능을 가장 효율적으로 이용하기 위한 수단일 뿐이다.

활동 1 | 동물의 '무리 짓기'가 인간 사회에도 유효한지 사례를 들어 설명해 보자.

사례	
유효성 여부	
판단 근거	

활동 2 | '공동체와 소통'에 관련된 속담이나 격언을 찾아 그 의미를 생각해 보자.

- 속담이나 격언 : ....
....
....

- 의미 : ....
....
....
....
....
....

종합 활동

※ 다양한 매체를 활용하여 모둠별로 '공동체와 소통'을 주제로 하는 공익광고를 만들어 보자.

(1) 다음 표에 따라 공익광고를 기획해 보자.

광고 주제	
광고 매체	
매체 특징	
기획 내용			
광고 문구		광고의 설득 전략	
배경 이미지/ 음악		준비물	

(2) 위의 활동을 바탕으로 공익광고를 만들어 발표해 보자.

제6장

사회와 경제

제6장 사회와 경제

 사회학적 용례에 따르면 '사회'는 봉건시대의 공동체와 대비되는 개념으로 사용되기 시작하였다. 그런데 근대적 의미에서 사회는 다양한 구성 요소 중 특히 사유재산이라는 경제적 특징을 강조한 것이다. 이런 배경에서 경제를 바라보는 관점은 다양하다. 사회학적 시선으로 경제 현상을 해석하기도 하지만 경제가 곧 전체 사회를 반영한다고 보기도 한다. 경제의 성장을 규정하는 조건으로 사회적 요소를 중시하면서 특정한 사회의 유형에 따라 경제 개발의 형태와 속도가 결정된다는 통합적 입장도 있다. 그러나 어느 관점이든지 사회와 경제가 유기적 관계라는 기본 입장은 다르지 않다.

 글로벌 시대를 맞이하여 국제 경제로 시야를 확장해 보면 그 주요 축으로 자본과 세계화를 들 수 있다. 자본은 생산을 멈추지 않아야 이윤을 얻는다. 그러므로 경제가 강조되는 사회일수록 자본은 제국처럼 기능한다. 인간의 심리를 다각도로 분석하여 욕망을 디자인하고 자극하여 끊임없이 소비하게 하는 것이다. 세계화는 세계시민으로 우리를 이어주기도 하지만 세계의 시장화로 빈부의 불균형을 확대시킨다는 점에서 양가적이다. 이에 따라 최근에는 사회적 가치의 실현을 위해 협력하고 연대하는 모든 경제적 활동을 일컫는 사회적 경제라는 관점이 나타나고 있다. 주체적 존재로서 호모 이코노미쿠스를 꿈꾸는 것이다.

 이 장은 자본과 세계화의 속성을 바탕으로 경제 현상의 이면을 들여다볼 수 있도록 구성하였다. 「석유로 키운 채소」는 사막의 두바이 몰에 쌓여 있는 신선한 채소가 어디에서, 어떻게 오는지를 다룬다. 생산과 소비의 거리가 국경을 넘어 멀어지면서 각 단계마다 자본이 개입할 여지가 커졌다. 그 결과 생산지의 국민들은 소외되고 수단시되며 새로운 '땅뺏기'가 일어나고 있다는 것이다. 「생산주의 농정의 '트레드밀'」에서도 이 문제는 반복된다. 얼핏 긍정적으로 보이는 스마트팜 육성 정책은 성과주의 농정이 필연적으로 가져오는 소득의 양극화, 환경오염, 지방 소멸 등의 문제를 일으킨다. 「소유욕은 무죄인가, 유죄인가?」를 통해서는 소유욕이 과연 자율적 욕구인지에 대해 성찰해 본다. 자본은 뇌 작동원리를 기반으로 끌림을 유도하고 소비를 통한 소유에 이르게 한다. 인간이 자율적 존재라면 소비와 소유의 욕망을 조절할 수 있어야 한다. 이를 위해서 욕구와 욕망을 구별하고 소유욕을 설명하는 뇌 작동원리를 역으로 이용하자고 제안한다. 이 장에서는 연대와 공감을 바탕으로 경제 행위의 지평을 확장해야 할 필요성에 대해 생각해 볼 수 있을 것이다.

석유로 키운 채소

구정은 외

아랍에미리트의 경제 중심지 두바이. 지구상에서 가장 높은 828미터짜리 빌딩 부르즈 할리파 옆에는 세계에서 가장 큰 쇼핑몰이라는 두바이몰이 있다. 바깥 세상이 아라비아 해가 내뿜는 습기와 사막의 열기로 삶아질 것만 같은 여름날에도 드넓은 두바이몰은 별세계처럼 서늘하다. 검은색 '아바야'로 온몸을 가린 여자들과 긴 '토브'를 입고 수염을 기른 남자들이 돌아다니는 이 쇼핑몰 지하, 영국계 고급 식료품점 웨이트로스에는 7개국에서 온 토마토가 진열되어 있었다. 네덜란드, 남아프리카공화국, 스페인, 프랑스, 영국, 멕시코, 요르단에서 온 토마토들은 밭에서 방금 따온 듯 빨갛고 탱글탱글했다.

바로 옆에는 색도 모양도 가격도 가지가지인, 상처 하나 없이 깨끗한 사과가 쌓여 있다. 사과의 고향은 칠레와 남아공, 미국, 프랑스다. 감자는 7개국에서 왔고 양파는 5개국에서, 멜론은 4개국에서 온 것이다. 드넓은 마트의 채소 코너에서 현지산 채소는 파프리카 한 종류와 오이 한 종류뿐이었다.

7개국에서 온 토마토, 5개국에서 온 양파

　이슬람 성월(聖月) 라마단을 사흘 앞둔 2015년 6월 15일 두바이 에미레이트 몰 지하의 카르푸에서는 일곱 살 난 딸과 네 살 난 아들을 데리고 나온 주부 하딜(31세)이 대추야자를 꼼꼼히 살펴보고 있었다. 낮 금식을 마친 무슬림들이 속을 달래기 위해 먹는 것이 대추야자다. 하딜의 쇼핑 카트 안에는 아시아와 유럽, 아프리카와 미주산 채소가 모두 담겼다. 스페인산 콜리플라워와 인도산 망고, 튀니지에서 난 가지, 필리핀산 바나나, 호주산 감자, 요르단산 토마토, 미국산 오렌지. 남편 그리고 두 아이와 먹을 것들이다.
　"여기엔 우리 나라에서 농사지은 채소는 없어요. 보시다시피 이곳은 농사를 지을 수 없는 땅이거든요."
　팔레스타인 태생인 하딜의 아버지는 중동전쟁을 피해 두바이로 이주했다고 한다. 하딜의 아버지가 살던 곳은 올리브와 채소가 잘 자라는 비옥한 땅이었지만 지금은 이스라엘이 정착촌을 지었다고 그는 말했다.
　유럽계 고급 대형 마트에서 나와 두바이 서민들이 애용한다는 인도계 슈퍼마켓 체인 룰루하이퍼마켓을 찾았다. 웨이트로스나 카르푸에 비해 잎채소는 시들시들하고 토마토 꼭지는 말라 있었다. 유럽과 북아프리카, 호주 대신 인도나 방글라데시, 오만에서 온 채소가 주류였다. 여기에도 물론 현지 채소는 없다. 버섯 몇 종류만 초라하게 UAE산 이름표를 달고 있었다. 남아공에서 온 배와 필리핀 바나나, 이란 멜론, 호주 포도, 오만 파프리카를 장바구니에 넣은 인도네시아 출신 이민자 가르시(40세)와 이야기하고 있는데 쇼핑 카트를 밀고 지나가던 검은색 아바야를 걸친 할머니가 끼어들었다.
　"두바이 음식에 관심 있다고? 로컬 푸드(local food)를 찾아? 그러면 잘못 왔어. 이 나라에선 채소가 나지 않아. 다 수입해온 거야."

아랍에미리트연합 두바이 에미리트몰 내에 있는 대형 마트 카르푸에 진열된 채소와 야채들. 현지산, 즉 로컬 푸드는 거의 없고 모두 수입된 것이다.

사람도 음식도 모두 다른 곳에서 흘러들어온 도시가 두바이다. UAE는 아부다비와 두바이를 비롯한 7개의 에미리트(emirate, 토후국)가 연합하여 세워졌다. 두바이는 아부다비 다음으로 큰 에미리트다. 지금이야 중동의 허브이자 손꼽히는 부자 도시이지만 1930년대까지만 해도 두바이는 진주를 채취해 먹고살던 어촌이었다. 허허벌판이던 이곳 사막에 고층 빌딩이 세워지기 시작한 것은 고작 30여 년 전이고, 본격적으로 성장한 것은 걸프전(1991) 이후다. 정정(政情)이 불안한 중동에서 그래도 개방적이고 안정된 두바이가 투자처로 급부상했기 때문이다. 인구도 폭발적으로 늘었다. 2013년 기준 두바이 인구의 약 10~15퍼센트만 UAE 시민권자이고, 나머지는 외국인 이주자다. 외국인 대부분은 인도와 파키스탄 출신 노동자다. 지하철을 점령한 사람들, 값싼 슈퍼마켓에서 장 보는 사람들은 대부분 한눈에 남아시아계임을 짐작할 수 있었다. 두바이의 '평범한 시민'은 이 나라 국민이 아닌 이주노동자인 셈이다.

두바이 외곽 주택가에 사는 파키스탄 노동자 무함마드 이스마일(46세)의 집에 초대받아 점심식사를 함께했다. 인도와 파키스탄의 국경에 걸쳐 있는 펀자브 출신인 무함마드는 12년 전 일자리를 찾아 두바이로 왔다. 그는 파키스탄에서 온 다른 이들에 비해 꽤 성공한 편이다. 일본계 회사에서 근무하며 월 6,500디람(약 207만 원)씩 벌던 시절도 있었다. 빠듯하지만 아내와 세 아들을 데리고 두바이에서 살림을 꾸릴 수 있었다.

그러던 중 2008년 두바이를 유령도시로 만든 금융위기 때 무함마드는 일자리를 잃었다. 어렵게 새 일을 찾았지만 월급은 1,500디람 수준으로 뚝 떨어졌다. 가족과 함께 두바이의 높은 생활비를 감당하기엔 무리였다. 취업비자를 받은 무함마드만 남고 나머지 가족은 고향으로 돌아갔다. 그 뒤 그는 홀로 떨어져 지내고 있다. 지금은 번듯한 수리 센터에서 관리직으로 일하며 월 5,000디람을 벌지만 이 돈으로 두바이에서 가족을 부양하기에는 부족하다.

"아내와 통화할 때면 제가 늘 오늘의 메뉴는 뭔지 물어봐요. 아내가 만드는 음식은 정말 맛있거든요."

돈벌이에 치여 1년에 한두 번밖에 고향을 찾지 못하는 그는 늘 아내와 어린 아들들이 그립다.

이주노동자의 밥상엔 세 대륙에서 온 식재료

무함마드의 아내와 아이들은 6월 초 방학을 맞아 두바이로 왔다. 1인당 1,200디람만 내면 되는 셰어하우스에 사는 그는 한 달 동안 두바이에 머무를 가족을 위해 월급의 반이 넘는 3,000디람을 내고 부엌과 화장실, 마당이 딸린 도시 외곽의 원룸을 빌렸다. 한 달 동안 그는 새벽같이 출근했다가도 점심때면 집으로 돌아와 가족과 함께 식사를 했다.

무함마드의 아내 루비나 나즈는 이국땅에 홀로 있는 남편이 매일같이 그리워할 만큼 요리 솜씨가 훌륭하다. 그녀가 부엌에서 파키스탄 전통 음식을 조리하고 있다.

무함마드의 아내 루비나 나즈(39세)가 요리한 점심은 파키스탄의 전통 닭조림 '치킨 코르마(korma)'와 전통 빵 로티(roti), 밥이다. 여기에 아이들을 위한 비타민 음료와 스프라이트, KFC 치킨을 곁들였다. 후식으로는 멜론과 서양배, 바나나가 나왔다. 파키스탄인과 한국인이 함께 둘러앉은 두바이의 식탁은 3개 대륙을 품고 있었다. 냉동 닭은 사우디아라비아산, 닭 요리에 들어간 향신료는 파키스탄산, 쌀은 인도산, 치킨 코르마 위에 뿌려서 밥과 함께 먹는 올리브는 스페인산, 멜론은 오만산, 서양배는 미국산, 바나나는 필리핀산, 비타민 음료는 일본산이고 스프라이트와 KFC는 미국 회사의 것이다.

사람들이 사막의 신도시로 이주해온 것처럼, 사막에서 자랄 수 없는 식료품도 모두 해외에서 온다. UAE에는 오만 접경지대에 있는 알아인의 일부 지역을 제외하고는 농사지을 수 있는 땅이 없다. 강도 지하수도 없는 사막지대라 물이 절대적으로 부족한 탓이다.

두바이는 물 공급의 99.8퍼센트를 해수 담수화 플랜트에 의존한다. UAE의

식량 수입 의존도는 85~90퍼센트에 달한다. 석유로 번 돈을 써 신선한 채소를 사들이는 것이다. 척박한 사막지대에서 석유로 먹고사는 사우디와 쿠웨이트, 카타르 등 다른 걸프 국가들도 마찬가지다.

걸프에 채소를 파는 나라 중 하나가 에티오피아다. 아덴 만을 건너면 바로 아라비아 반도와 만나는 '아프리카의 뿔' 지역에 있는 데다 인근 소말리아나 에리트레아 등에 비해 정치가 안정되어 있고 치안도 좋은 편이다. 비옥하고 드넓은 땅에는 고도와 기후를 고려하여 어떤 작물이든 심을 수 있다. 에티오피아에서 땅은 모두 정부 소유인데, 정부가 외국인 투자 유치에 적극 나서고 있어 토지 임대료가 아주 값싸다. 농업노동자들의 임금은 월 600비르(약 3만 4,000원)에 불과하다.

수도 아디스아바바에서 남쪽 도시 아와사로 가는 길, 잘 닦인 도로 곳곳에 비닐하우스 수백 채가 밀집한 단지가 보였다. 한 비닐하우스 단지 앞에는 초록색 제복을 입은 사람들이 하우스 셋 걸러 한 명꼴로 앉아 감시하고 있었다. 열린 하우스 문틈 사이로 화려하게 피어 있는 붉은 장미가 보였다. 드넓은 밭 위에서 수많은 사람이 붉은 양파를 따는 모습도 볼 수 있었다. 라디오에서는 '호라이즌 플랜테이션(horizon plantation)'이라는 농업 기업이 신선한 파파야가 있다며 홍보했다.

농장의 상당수는 외국인 투자자들이 직접 운영한다. 사우디의 에티오피아계 억만장자 모하메드 알아무디가 대표적인 농업 기업가다. 그가 소유한 한 농업 기업의 광고 문구는 이렇다.

"모든 채소와 과일은 유럽과 중동 시장이 요구하는 기준을 충족시킵니다. 에티오피아는 고품질의 채소와 과일을 생산할 수 있는 잠재력을 갖춘 곳입니다."

이 회사는 손만 대면 이슬이 묻어날 것 같은 토마토와 파프리카, 호박과 가지 같은 채소들이 드넓은 온실 안에 끝없이 펼쳐져 있는 사진들로 온라인 마케팅을 한다. 에티오피아 전국에 6곳의 대규모 농장을 운영하며 100여 종의 채소와 과일, 꽃을 키운다.

걸프 부국의 온실이 된 에티오피아

농산물은 수확한 즉시 그 자리에서 상자에 포장되어 사우디나 쿠웨이트, UAE 등으로 실려 간다. 갓 딴 토마토들이 아디스아바바를 거쳐 비행기로 사우디의 제다나 두바이 등 걸프의 도시들로 운송되는 데는 24시간도 채 걸리지 않는다. 일부는 아디스아바바의 고급 식료품점이나 호텔로 옮겨간다. 나이지리아 등지의 아프리카 국가들로 수출되기도 한다.

많은 부자 나라가 다양한 이유로 에티오피아에 농장을 세운다. 특히 2000년대 후반 세계 식량위기 이후, 걸프 국가들은 안정적으로 식량을 들여오기 위해 곡식을 직접 수입하는 대신 해외에 농장을 만들기 시작했다. 그중에서도 곡물 생산에 적극적인 국가는 사우디였다. 아라비아 반도 최대 밀 생산국인 사우디는 2008년 물을 절약하기 위해 국내 밀 생산량을 12퍼센트 줄이는 대신 해외에 농장을 건설하겠다고 발표했다.

에티오피아 농장의 노동자들

꽃도 에티오피아의 대표적인 특산품이다. 유럽 국가들은 관상용으로 에티오피아에서 꽃을 재배한다. 바이오 연료용 옥수수를 기를 땅을 찾는 투자자도 있다. 하지만 에티오피아는 세상에서 가장 가난한 나라 중 하나다. 1인당 국내 총생산(GDP)이 1,500달러 수준에 불과하다. 걸프의 쇼핑몰에 진열된 신선한 토마토나 양배추, 브로콜리 등 비싼 채소는 에티오피아 농민들의 식탁에는 올리지 못하는 것들이다.

  2015년 6월 24일 오후, 아와사 부근 시다마 지구의 홀라에 있는 나세르 아메드(55세)의 집을 찾았다. 홀라의 정식 이름은 하게레 셀람(Hagere Selam)이지만 주민들은 이탈리아인들이 잠시 점령했을 때 부르던 '홀라'라는 이름으로 부르곤 한다.

홀라의 한 곡물상인이 에티오피아에서 주식으로 먹는 시큼한 빵 '인젤라'의 원료가 되는 곡식인 테프를 빻은 가루를 체에 걸러내고 있다.

  나세르는 아내와 열두 살, 여섯 살, 네 살 된 세 아이, 그리고 늙은 어머니와 함께 유칼립투스 나무로 엮은 움막처럼 지어진 전통 가옥에 산다. 아내 하지투는 전기도 들어오지 않는 어두컴컴한 집 안에 불을 피워놓고 저녁 준비를 하고 있었다. 매캐한 연기가 집 안에 가득하다못해 천장이 새까맣게 변색되었다. 이날 나세르 가족의 저녁 메뉴는 시다마의 전통 음식인 양배추와 함께 조리한 '고초(kocho)'와 멀건 옥수수죽이 전부였다.

생김새가 바나나를 닮은 고초는 열매가 열리지 않는 식물 '엔세트(enset)'의 뿌리와 줄기를 다진 뒤 오랜 시간 발효시켜 만드는 음식이다. 단백질을 섭취하기 위한 고기나 생선, 아이들에게 꼭 필요한 생채소나 과일은 밥상에 없었다. 나세르는 "내가 조금이라도 더 벌면 아이들에게 과일도 사줄 수 있을 텐데"라며 한숨을 내쉬었다.

그는 방앗간에서 일하며 월 500비르(약 2만 6,000원) 안팎을 번다. 그의 가족은 대개 하루 두 끼밖에 먹지 못한다. 홀라에서 교육·식량 지원 사업을 하는 월드비전에 따르면 이 지역에서 하루 세 끼를 다 채우지 못하는 사람이 전체 3분의 1에 달한다. 사업 시작 전인 2007년보다는 절반가량 줄어들었지만 아직도 갈 길이 멀다.

가난한 농민들이 끼니를 굶고 채소를 먹지 못하는 것이 에티오피아에 투자한 부자 나라의 탓만은 아니다. 외국인들의 아프리카 농장 개척이 한창 이슈가 됐던 2010년, 에티오피아 정부 대변인은 영국 《가디언》지에 "전국의 농지 7,400만 헥타르 중 현재 농민들이 쓰는 땅은 15퍼센트에 불과하다. 농지 전체의 3~4퍼센트만 외국인 투자자들에게 내줬다"며 "그들이 농민들의 땅을 빼앗아간 것이 아니"라고 해명했다.

외국인 투자자들은 외화에 의존하는 에티오피아 경제에 활력을 불어넣을 수도 있고, 새 일자리를 만들 수도 있다. 한편 아와사에서 만난 한 농업 전문가는 "일자리도 생기고 외화도 들어오지만, 지역 농업에 문제가 일어나는 것은 맞다"고 말했다. 대규모 농장들이 멀리 떨어진 곳에서 물을 끌어오거나 지하수를 퍼올리는 바람에 농민들이 자기 밭에 물을 대지 못하게 된 경우도 있고, 큰 농장들이 퍼붓는 화학비료에 흙이 오염된다는 게 그의 설명이다.

분명한 사실은, 척박한 땅에 자리잡은 부자 나라들이 신선한 채소와 과일뿐만 아니라 물 문제와 연료 문제까지 해결하기 위해 가난한 나라에 돈을 내고 비옥한 땅과 값싼 인력을 사들이고 있다는 점이다. 이탈리아 저널리스트 스테파노 리베르티는 이런 현상을 '땅뺏기[Land-Grabbing]'라 부르며 이 현상이 장기적으로 글로벌 식량 불균형 문제를 악화시키고 있다고 지적했다. 두바이의 마트에 신선한 채소가 늘어날수록, 에티오피아에서는 더 많은 사람이 땅을 잃고 저임금 노동자가 된다.

활동 1 | 최근에 먹은 음식 중에서 하나를 선택하여, 그 음식 재료들의 이동 경로를 제시해 보자.

음식 이름	
음식 재료	
이동 경로	

활동 2 | 한국의 음식이 세계화된 사례를 찾아 모둠별로 발표해 보자.

음식 이름	
세계화 계기	
외국의 반응	
경제적 이익과 효과	

생산주의 농정의 '트레드밀'

박진도

녹색혁명에서 스마트팜까지

헬스장의 러닝머신이 죄수들의 고문기구인 '트레드밀(treadmill)'에서 유래한다는 것을 아는 사람은 많지 않다. 헬스장에 가면 가장 많은 운동기구가 러닝머신이다. 트레드밀은 트레드(tread, 밟다)와 밀(mill, 방아)의 합성어이다. 즉 '밟는 방아'이다. 이 밟는 방아는 1818년 영국에서 개발된 고문기구인데, 죄수들에게 중노동을 시키면서 동시에 생산성을 높이기 위해 고안된 것이다. 죄수들은 트레드밀에서 원통형의 계단을 다람쥐 쳇바퀴 돌듯 제자리에 서서 하염없이 밟아 올라가면서 중장비 모터 역할을 했다. '인간 풍차'라고도 불린 끔찍한 고문기구, 트레드밀은 1898년에 폐쇄됐다.

미국의 농업경제학자 코크레인은 1958년에 미국농업의 발전과정을 트레드밀 이론으로 설명했다. 소수의 농민이 생산을 늘리고 생산비를 낮추기 위해 새로운 기술을 도입하면 초과이윤을 벌 수 있다. 그런데 이것은 잠시, 다수의 다른 농민들이 이 기술을 채택하게 되면, 생산이 더 늘어나고, 가격이 하락해 초과이윤은 사라진다. 그러면 다시 보다 효율적인 신기술을 도입하지만, 이 효과도 곧 사라지고 다시 원래 상태로 돌아간다.

헬스장의 러닝머신 위에서 앞으로 가기 위해 열심히 걸어도 제자리에 있는 것과 같다. 트레드밀의 속도에 맞추지 못하는 사람(농민)은 탈락할 수밖에 없다. 대규모의 공격적이고 혁신적인 농민들은 생산규모를 키워가지만 소규모의 덜 효율적이고 덜 공격적인 농민들은 차례로 농업생산에서 쫓겨난다. 코크레인은 이와 같은 농업 기술 변화의 트레드밀 효과를 식인종에 비유하여 '동족끼리 잡아먹는 과정'이라고 개탄했다.

트레드밀 이론, 생산주의 농정으로 가속화

트레드밀 이론은 경제적으로만 보면 농업뿐 아니라 다른 분야에도 적용할 수 있다. 다만, 농업 트레드밀은 자연스러운 경제현상만은 아니고 생산주의 농정에 의해 가속화됐다. 국가는 공업화 과정에서 도시의 산업노동자들에게 값싼 식량을 제공하기 위해 농업생산성을 향상하고 생산비를 낮추려고 노력했다. 농업 연구개발로 노동절약적이며 다수확이 가능한 기술을 개발하는 한편, 농민들이 이러한 기술을 채택하도록 자본 보조나 투입재 보조를 했다. 이러한 정부의 노력은 농업 관련 산업 기업과 농과학자의 이해와 일치하면서 강화됐다. 영국의 농업경제학자 구드만은 이러한 현상을 국가, 농업관련자본, 농과학자의 '공생'이라고 했다.

우리나라에서 농민들은 생산주의 농정에 의해 두 차례 반강제적으로 농업 트레드밀에 올라탔다. 1970년 정부는 부족한 식량문제와 식량수입에 따른 외화위기를 벗어나기 위해 '통일벼'라는 이름의 다수확 신품종을 개발했다. 신품종은 한국인이 먹는 자포니카와 다수확 품종인 인디카를 교배한 것으로 다수확성이 확인되면서, 이른바 녹색혁명의 '기적의 쌀'로 불리었다. 정부는 신품종의 보급을 위해 모든 행정력을 동원했다. 벼 수매가격을 인상하고 통일벼를 우선 수매하는 당근을 제시했다.

그러나 많은 농민들이 신품종을 거부했다. 통일벼는 밥맛이 없어 정부 수매 이외에는 팔기 어려웠다. 신품종은 농약과 비료를 많이 투입해야 하고 병충해가

빈발하고, 물과 노동력도 많이 필요했다. 더욱이 볏짚이 짧고 매가리가 없어 가마니나 새끼를 꼴 수 없어 농한기의 유일한 수입원인 볏짚 가공품을 생산할 수 없었다. 독재정부는 신품종 보급을 위해 '채찍'을 동원했다.

이문구 작가는 소설 「우리동네」에서 최씨의 심경을 빌어 당시의 상황을 증언한다. "요새 벱씨 가지구 시끄런 것 봐. 재래종 심으면 면이나 군에서 오죽 지랄허겄나. 통일베 안 심으면 면장이 직접 모판만 갈아엎는 게 아니라, 벱씨 담근 통에 마세트라나 무슨 약을 쳐놓아 싹두 안 나게 헌다는 겨, 군수가 못자리 짓밟을라구 장화 열다섯 켤레 사놓구 벼른다는 말두 못들어 봤남… 천상 통일베를 심으야 헐텐디."

농민들은 '당근'과 '채찍'에 의해 통일벼 트레드밀에 올라탔다. 그런데 통일벼 트레드밀은 비료와 농약 등 화학적 기술에 의존하기 때문에 속도가 크게 빠르지 않아, 많은 농민들이 적응했다. 그러나 두 번째 트레드밀은 첫 번째와 차원이 달랐다. 정부는 가트 우루과이 라운드에 대응하여 1989년 4월 '농어촌발전종합대책'(농발대책)을 발표했다. 농발대책은 '국제경쟁력 있는 농업'만이 살 길이라는 경쟁력지상주의를 농정이념으로 했다. 즉, 농산물시장개방은 피할 수 없기 때문에 한국농업이 살 길은 농업구조 개선을 통해 국제경쟁력 있는 강한 농업을 육성하는 것이고, 이를 위해 영세농은 탈농을 유도하고, 소수의 상층농에게 규모 확대를 위한 지원을 집중한다는 것이다.

농발대책 발표 이후 '문민정부'는 6공 정부가 수립한 '농어촌구조개선대책'(이른바 '42조원 투융자계획')의 3년 조기집행을, '국민의정부'는 1999년에 45조원의 제2단계 농업·농촌투융자계획을, '참여정부'는 2004년에 10년간 119조원을 투입하는 '농업·농촌종합대책'을 추진했다. MB정부와 박근혜정부는 이전 정부의 개방에 대응한 수세적인 경쟁력주의를 뛰어넘어 세계시장을 상대로 한 공격적 경쟁력(네덜란드를 모델로 한 수출농업)을 주장했다. 각종 대책은 종합적 성격을 지니지만, 실제로 사용된 재정의 거의 대부분은 경쟁력 강화를 위한 구조개선(특히 쌀 농업)에 사용됐다.

트레드밀이 초래한 경제·사회·환경적 문제

경쟁력 지상주의를 이념으로 한 생산주의 농정(농업구조정책)은 소수의 대농을 육성하고, 농업생산성을 크게 높였다. 그러나 '국제경쟁력 있는 농업'이란 목표는 달성하지 못했고, 농업과 농촌의 전반적 상황은 악화했다. 숫자놀음에 지나지 않는 농업투융자계획에 대해 보수언론은 천문학적 재정 운운하면서 농업투자를 밑 빠진 독에 물 붓기라고 비난했다. '농자천하지대본'이라는 국민들의 농본주의적 정서는 급속히 붕괴하고 농업을 바라보는 국민들의 눈초리는 차가워지고 점차 관심 밖으로 사라졌다. 이제 우리 사회에서 농업과 농촌은 섬과 같은 존재가 됐다. 그 이유는 생산주의 농정의 트레드밀이 초래한 심각한 경제적·사회적·환경적 문제 때문이다.

첫째, '성장과 소득의 괴리'가 날로 심각해지고 있다. 이정환의 연구에 의하면 1990년대 이전에는 총생산과 소득이 같이 증가했으나, 구조정책이 본격적으로 추진된 1995~2012년 사이에는 실질 농업총생산은 연평균 1.1% 증가했으나 실질 총농업소득은 연평균 2.6%나 감소했다. 이는 농산물 수입 증가와 생산 증가로 농산물가격이 하락했기 때문인데, 그 이면에는 농업 트레드밀이 작용하고 있다. 농민들은 생존을 위해 외부 투입재와 외부 자본에 대한 의존을 높일 수밖에 없고, 이는 당연히 농업생산물 가운데 농민이 차지하는 몫을 작아지게 한다. 농민은 줄어든 몫을 보충하기 위해 규모를 키우지 않을 수 없고, 그만큼 외부 자본에 대한 의존도가 높아진다.

경쟁력주의에 기초한 생산주의 농정은 이러한 '죽기 살기 식 경쟁의 트레드밀'의 악순환을 가속화했다. 농기계 및 시설 등 농업투입비용은 급속히 늘어났다. 농업소득률(농업총수입에서 농업경영비를 빼고 농가에 돌아가는 소득의 비율)은 1970년 78.2%에서 녹색혁명이 시작된 이후 1990년에는 69%로 낮아지고 90년대의 구조농정 이후 급격히 하락하여 2019년에는 29.8%에 지나지 않는다.

과거에 100원 어치 농산물을 생산하면 78원이 농민 몫이었는데, 이제는 30원이 되지 않는 것이다. 같은 소득을 올리기 위해서는 규모를 2.5배 이상 키워야 한다. 여기에 늘어나는 가계비를 충족하기 위해서는 농업규모를 무한히 키워가야 한다. 2019년 현재 전체 농가의 1%도 안 되는 경지규모 10ha 이상 농가만이 농업소득으로 가계비를 감당하는 놀라운 일이 벌어지고 있다.

둘째, '농민소득의 상대적 박탈'과 농촌 내 소득 불평등이 심화하고 있다. 1995~2019년 도시소비자와 농가의 상대소득은 95%에서 62%로 하락했다. 실질 농업소득의 감소로 농가소득이 전반적으로 악화했지만, 생산주의 농정에 힘입어 일부 '억대 농부'들이 나타나면서, 농가소득의 불평등과 양극화가 심각한 수준에 이르렀다. 소득분배의 불평등도를 나타내는 소득5분위배율(소득상위 20%의 평균소득을 하위 20%의 평균소득으로 나눈 값)은 1995년 6.3에서 2018년에는 11.1로 높아졌다. 이는 전국 평균 5.2의 두 배가 넘는 수준으로 그만큼 도시에 비해 농촌의 양극화가 매우 심하다는 것을 보여준다.

셋째, 농업 트레드밀로 인한 급격한 이농과 고령화로 농촌 공동화가 급속히 진행되고 있다. 농가인구는 1970년 1,442만 명(전체 인구의 45.9%)에서 2019년 224만 명(4.3%)으로 줄어들었을 뿐만 아니라, 65세 이상 인구의 비중은 4.9%에서 46.6%로 높아졌다. 같은 기간에 농촌인구도 반토막이 나서 1970년에는 우리나라 인구의 절반 이상이 농촌에 거주했으나 지금은 18%(면에는 9%)만이 농촌에 산다.

사정이 이렇다 보니, 이른바 지방소멸이 운위되고, 향후 30년 내 226개 시군구의 39%(89개)가 소멸할 것이라는 불온한 예측이 횡행하고 있다. 우리나라의 농업 트레드밀이 얼마나 빨랐는가는 전체 취업자 중 농업취업자 비중이 40%에서 16%로 줄어드는 데 걸린 시간을 보면 알 수 있다. 영국 70년, 미국 95년, 일본 31년에 비해 우리나라는 14년 밖에 걸리지 않았다.

넷째, 농업 트레드밀의 가장 심각한 문제는 환경 및 생태계의 파괴이다. 우리나라는 집약농업과 공장형 축산으로 인한 환경부하가 세계적으로 가장 높은 수준이다. 2015년 기준 우리나라의 비료 사용량은 1ha당 질소의 경우 OECD 평균의 3.4배(1위), 인의 경우 8.6배(2위)에 달한다. 또한 농약의 경우에도 주요 선진국의 4~10배에 달하는 엄청난 양을 사용하고 있다. 축산의 경우도 사육밀도가 OECD 평균의 3.1배나 높아 분뇨와 악취로 인한 환경파괴가 심각한 사회 문제를 야기하고 있다. 비료와 농약, 축산 폐기물은 토양오염을 가져올 뿐 아니라, 하천과 강으로 흘러들고, 결국은 바다로 가 해양오염의 원인이 되고 어족 자원을 고갈한다.

농업 트레드밀로 인한 토양의 산성화 심지어 콘크리트화는 탄소 흡수 기능을 약화하고, 이산화탄소와 메탄, 질소산화물의 형태로 온실가스를 배출하여 기후변화의 주요 원인으로 지목되고 있다. 집약적 농업은 필연적으로 단작을 초래해 생물다양성을 파괴한다. 뿐만 아니라 우리가 감당하기 어려운 수준의 물을 필요로 한다. 예를 들어, 쇠고기 1kg을 생산하는 데 1만 5,000리터의 물이 사용되고, 곡물은 1,500리터, 과일은 1,000리터가 필요하다.

다섯째, 생산주의 농정은 경쟁력 강화를 표방했으나 국제경쟁력이 오히려 악화했다. 식량자급률은 1990년 70.3%에서 2010년 55.1%, 2018년 46.7%로, 그리고 곡물자급률은 같은 기간에 43.1%, 27.6%, 21.7%로 낮아졌다. 쌀은 간신히 자급을 하고 있으나, 이는 경쟁력이 높아져서가 아니라 쌀 수입제한 조치에 의한 것이다.

엘리트 농정, 농업 트레드밀에 의한 살농 정책

생산주의 농정의 농업 트레드밀은 이처럼 처참한 결과를 초래했다. 농산물 시장 개방에 효과적으로 대응하지 못한 것이다. 필자는 1989년 농발대책이 발표

된 후 모 신문의 칼럼에서 "'국제경쟁력 지상주의'에 매몰된 엘리트 농정은 농업 트레드밀에 의한 살농(殺農) 정책"이라고 혹평한 바 있다. 불행하게도 필자의 경고는 틀리지 않았다.

'지구의 벗'은 1991년 "트레드밀을 멈춰라[Off the Treadmill]"라고 했다. 농업 트레드밀을 멈춰야 한다. 다만, 트레드밀은 그 자체로서는 일정한 시장경쟁의 합리성을 갖고 있기 때문에 전면적으로 멈추기는 어렵다. 따라서 정부는 농업 트레드밀의 폐해를 줄이기 위해 노력해야 한다. 그런데 정부는 오히려 농업 트레드밀의 속도를 최고조로 올리는 '스마트팜' 육성에 열을 올리고 있다. 이제 농민들은 정부 지원을 받는 스마트 엘리트 농민들과 죽기 살기로 경쟁해야 한다.

물론 이른바 4차 산업혁명 시대에 농업의 스마트화, 스마트 기술의 농업부문 응용을 위한 정부의 연구 개발 노력은 필요하다. 그러나 정부가 나서서 수천억 원의 예산을 들여 극소수의 엘리트 농민을 양성할 일은 아니다. 2차 세계대전 이후 포드주의 축적 체제의 산물인 생산주의가 탈성장의 21세기에 한국에서 여전히 맹위를 떨치고 있다. 생산주의 농정의 미몽에서 하루빨리 벗어나야 희망을 논할 수 있다. 농업 트레드밀을 둘러싼 국가와 농업관련자본, 농과학자의 '공생'(삼각연합) 관계를 단절해야 한다.

활동 1 | 윗글에서 '생산주의 농정'의 문제점을 찾아 보고, 글쓴이의 주장을 파악해 보자.

생산주의 농정의 문제점	
글쓴이의 주장	

활동 2 | 윗글의 '엘리트 농민 양성 정책'에 대해 평가해 보자.

- 평가 : ....
....
....
....
....
....
....

- 근거 : ....
....
....
....
....
....
....
....
....
....
....
....

소유욕은 무죄인가, 유죄인가?

김대수

성공하는 교육과 사업에는 공통점이 있다. 학생이나 고객에게 끌림을 유도해야 한다는 점이다. 끌림은 소유로 이어진다. 학생들은 지식을, 소비자는 제품을 소유하려 할 것이다. 또한 이러한 끌림이 지속적으로 유지되도록 한다. 지금 가진 지식이나 제품에 만족하지 않고 새로운 지식 혹은 신제품에 관심을 갖도록 만들어야 매출은 지속적으로 상승하고 사업은 성장한다.

빌 게이츠(Bill Gates), 스티브 잡스(Steve Jobs), 마윈(馬雲), 일론 머스크(Elon Musk) 등 성공한 기업가들이 갖는 공통적인 특징은 그들의 사업이나 제품이 소비자들에게 '지속적인 끌림'을 유도한다는 점이다. 끌림과 소유의 선순환을 이루는 것이 격변하는 4차 산업혁명 시대에 중요한 교육과 사업의 전략이다. 뇌 속에 있는 끌림을 유도하는 원리를 알면 사업에 성공하는 지름길로 갈 수 있다.

1. 잘 팔리는 물건을 만드는 법

뇌에서 어떻게 지속적인 끌림을 유도할 수 있을까?

첫째, 끌림을 만드는 가장 쉬운 방법은 지금까지 없었던 새로운 제품을 출시하는 것이다. 최초의 휴대용 라디오, 최초의 스마트폰, 최초의 무선이어폰 등 '최초'라는 단어에 성공의 가능성이 숨어 있다. 그러나 신규성[novelty]이나 새로움으로 인한 끌림은 일시적이다. 시간이 지나면 새로움이 사라지면서 끌림도 사라진다. 또한 시장에는 기능이 향상된 경쟁 제품이 나온다. 삼성이나 애플이 계속 새로운 휴대전화 버전을 개발하며 경쟁을 해야 하는 이유다.

둘째, 뇌에서 지속적인 끌림을 유도하기 위해서는 뇌가 가치 있게 여기는 근본적인 욕구와 연관되어야 한다. 시상하부에 존재하는 욕구는 평생 변하지 않고 지속된다. 예를 들어 20년 이상 꾸준히 사랑받고 있는 '바나나우유'는 새로운 버전을 내지 않아도 지속적으로 팔린다. 뇌는 기본적으로 우유와 같이 칼로리가 높은 음식에 대한 끌림이 있는데 바나나우유는 바나나 향기와 단맛으로 포장하여 뇌가 우유에서 얻는 보상을 맛과 향으로 기억하도록 한다. 바나나우유를 매일 먹지는 않지만 언제나 먹고 싶은 끌림이 있다. 이러한 끌림이 모여 지속적인 매출을 만든다.

셋째, 뇌의 끌림을 지속적으로 유도하기 위해 중요한 또 다른 요소는 희소성이다. 중요하지만 너무 흔하면 굳이 끌릴 필요가 없다. 뇌는 흔한 것에 적응하여 우선순위를 두지 않기 때문이다. 한때 해태제과에서 출시한 허니버터칩이 크게 유행한 적이 있다. 당시 주문예약을 해도 사기가 어려웠다. 편의점과 마트에서는 허니버터칩이 들어오기가 바쁘게 팔렸다. 그런데 생산이 증가하여 허니버터칩 공급이 늘어나고 이후 유사한 신제품들이 속속들이 출시되자 관심은 이전보다 시들해졌다. 아무나 가지지 못하는 제품이어서 희소성이 있을 때는 인기가 높았지만 희소성이 사라지자 인기도 한순간 시들었다. 이처럼 아무나 가지지 못하는 제품이라는 마케팅으로 성공한 것이 명품 브랜드다. 제품마다 수량이 정해져 있으며 그중에서도 어떤 제품은 한정판이라는 이유로 더욱 고가로 책정되기도 한다.

2. 소유욕을 어떻게 조절할 것인가?

판매자 입장에서는 소비자들의 끌림을 어떻게 유도할까가 주요한 관심사이지만, 반대로 소비자 입장에서는 뇌의 이러한 끌림에 대한 깨달음이 필요하다. 인간은 재물과 재화에 대한 끌림과 애착이 강하다. 이를 활용하여 경제는 성장해 왔고 앞으로도 그럴 것이다.

재화를 소유하려는 인간의 욕구는 무한하기에 충족이란 없다. 그러나 인간의 욕구를 무한하게 충족시키기에 자연은 한정적이다. 한정된 자원을 두고 무한한 인간의 욕심이 발동하니 지구온난화를 비롯한 자연의 문제들이 발생한다.

많은 자연의 문제들은 인간이 만들어낸 소유욕의 산물이다. 결국, 인간이 소유를 할 재화가 완전히 고갈되지 않는 한, 커다란 자연재해로 인해 피해를 보게 될 것이다. 이를 해결하는 방법은 크게 두 가지가 있다.

공급을 줄이는 방법

꼭 필요한 것 외에 자연에 쓰레기로 버려지게 될 제품들은 생산을 최소화하는 방법이다. 이를 위해선 큰 사회적 움직임이 필요하다. 탄소배출 등 환경에 대한 기업의 책임을 강화하는 것은 공급을 줄이는 데 커다란 영향을 줄 것이다. 그러나 이러한 방법들도 결국에는 인간의 소유욕을 이길 수는 없다. 속도의 문제일 뿐 언젠가는 결국 문제가 누적되어 표출될 것이기 때문이다.

소비를 줄이는 방법

나는 4차 산업혁명이 선포되었던 2016년 다보스 세계경제포럼에 연사로 초청되었다. 그때 나는 소유욕을 만들어내는 뇌를 이해하여 지구에서 자연과 더불어 행복하게 사는 방법을 제안했다. 국가와 기업이 공급을 늘리는 것 못지않게 재화에 대한 수요, 즉 인간의 물질에 대한 욕망을 이해하고 조절하는 것이 중요하다는 의견이었다. 인간의 소유욕은 어떤 특징이 있을까?

첫째, 소유욕은 형평성 원리에 따른다. 소유욕은 부의 절대가치에 따라 생기는 것이 아니라, 대부분 남들과 비교한 결과다. 우리의 뇌는 남이 가진 것은 나도 가져야 한다는 형평성 원리를 탑재하고 있다.

이러한 형평성 원리는 인간뿐 아니라 최근에 수행된 원숭이 실험에서도 증명되었다. 에모리 대학 영장류 학자인 프란스 드 발(Frans de Waal) 박사는 카푸친 원숭이[capuccin monkey]에게 돌 하나를 오이와 바꿔주는 훈련을 했다. 원숭이들은 시원한 오이를 잘 받아먹었다. 그런데 어느 날 옆에 있는 친구 원숭이에게는 오이 대신 포도로 바꿔주었다. 더 맛있는 포도를 먹는 것을 보고 오이를 먹던 원숭이의 기대치가 달라졌다. 그런데 그 원숭이에게 다시 오이를 주자, 오이를 먹지 않고 실험하던 연구원에게 던져버렸다. 자기도 옆 친구와 같이 포도를 먹고 싶단 것이다. 그런데도 계속 불공정한 거래를 반복하자 손해를 봤다고 생각한 원숭이는 맹렬한 분노 행동을 보였다.

둘째, 소유욕의 적응원리가 있다. 가진 것의 기준점이 소유 이전이 아니라 소유한 이후에 리셋된다. 2020년 6월경 코로나 시대에 밖에 나가지 못하니 나는 집 안에서 할 수 있는 취미로 다육식물 몇 개를 샀다. 처음엔 서너 개로 시작했는데, 이것저것 사다 보니 6개월 만에 300개가 넘었다. 다육이 화분 수가 늘어날수록 만족도가 커져야 하는데 소유욕이 더 커졌다. 다육식물 커뮤니티에 가보니 이런 격언이 있었다. '다육이를 키우지 않을 수는 있으나 하나만 키우는 사람은 없다.' 물론 300개가 넘은 현재도 더 갖고 싶은 마음은 여전하다.

나의 뇌 상태를 학계에서 연구한 도파민신경의 반응성으로 해석하면 다음과 같다. 다육이 한 개를 갖는 순간에는 도파민 신경이 흥분하면서 뇌에 보상을 준다. 그러나 이미 소유하고 나면 도파민 신경의 활성이 원래대로 돌아간다. 그리고 다음에 동일한 도파민 반응을 얻기 위해서는 다육이를 더 많이 사거나 더 비싼 다육이를 사야 한다. 이러한 도파민 신경의 적응으로 보다 많이 갖는 소유행동이 반복된다.

셋째, 소유욕의 상대성 원리다. 적응원리에 따르면 재산이 늘고 있으면 스스로 만족해야 하나 예외가 있다. 만일 주변 사람들 재산이 더 빨리 늘면 만족감이 떨어진다. 그리고 이러한 비교는 재산의 총량이 아니고 소유 대상의 일대일 비교다. 내가 30평에서 잘 살다가도 40평으로 이사 간 동료의 집들이에 다녀오면 갑자기 집이 좁다는 생각이 드는 것도 같은 이유다. 사실 동료와 나의 총 재산은 크게 차이가 없으며 동료는 은행 돈을 빌려 큰 집으로 이사 갔는데도 뇌는 그렇게 반응한다. 반대로 남들이 재산상 손해를 볼 때 나의 만족감이 늘어난다.

이론상 대한민국에 살 집이 모자라지 않기에 주택 공급이 필요하지 않다는 주장이 있지만 이는 뇌의 생리를 모르기에 하는 이야기다. 역사상 늘 큰 집에서 작은 집으로 이사 가는 경우보다 작은 집에서 큰 집으로 이사 가는 경우가 많았다. 한번 큰 집에 적응하면 더 큰 집으로 이사를 가야 만족감이 들기 때문이다.

그럼 어떻게 할 것인가? 소유욕에 대한 위의 세 가지 뇌의 요구를 사회적으로 만족시키기란 불가능하다. 반대로 뇌의 소유욕을 참고 참고 또 참는 것도 방법이 아니다. 뇌의 소유욕 원리를 거꾸로 잘 활용해야 한다. 예를 들어 형평성 원리는 남들이 돈이 많다 해도 내가 가진 재능과 건강, 그리고 미래의 재화를 생각하면 균형이 맞는다는 자각이 필요하다. 적응의 원리를 활용한다면 집 안의 물건을 모두 팔아 이웃들에게 나눠 주고는 다시 시작하는 것이다. 뇌는 줄어든 물건에 대해 금방 적응하게 될 것이다. 마지막 상대성 원리는 더욱 간단하다. 없어진 물건 대신 늘어난 공간에 대해 만족하고, 없어진 돈보다 늘어난 시간과 여유에 만족하는 등 남보다 내가 가진 것을 감사하는 일이다. 또한 나의 부러움을 객관적으로 비교 분석해보는 것도 중요하다. 대부분 재벌과의 비교가 아닌 다음에야 도토리 키 재기인 경우가 많다.

뇌가 만들어내는 소유욕을 억제하기보다는 내가 품을 수 있는 세계를 확장하여 보다 넓은 마음을 가지는 것이 중요하다. 주식 장은 정해진 시간에 열리고 때가 되면 언제든지 인출할 수 있는데 오늘 당장 주식거래를 해야 한다며 집착할 필요가 없다. 내가 큰 집으로 이사를 가고 싶은 것은 내 마음의 공간이 답답할 정도로 협소하기 때문이다. 저녁노을이 지는 하늘을 사무실 벽으로 삼고 지구를 나의 발판으로 생각한다면 뇌는 사사로이 흔들리지 않을 것이다. 모든 것을 소유한 듯 평온을 찾을 것이다.

활동 1 | 윗글을 다음 항목에 따라 정리해 보자.

잘 팔리는 물건을 만드는 법	소유욕 원리의 적용

활동 2 | 윗글의 '소유욕 원리 활용'에 대해 자신의 의견을 논리적으로 밝혀 보자.

- 의견 : ....
....
....
....

- 근거 : ....
....
....
....
....

종합 활동

※ 자신의 소비 생활을 점검하는 다음 활동을 해 보자.

(1) 최근 한 달 동안 소비한 내용을 항목별로 정리해 보자.

항 목	내 용	지출 비율
교통비		
식음료비		
문화활동비		
의류구입비		
기타		

(2) 위의 활동을 바탕으로 현명한 소비 생활의 방안을 제시해 보자.

■ 소비의 문제점 : ....
....
....
....
....
....
....
....

■ 현명한 소비 생활의 방안 : ....
....
....
....
....
....
....
....
....

(3) '현명한 소비 생활'을 가주제로 한 편의 글을 완성해 보자. (800자 이상)

■ 제목 : _____

제7장

과학기술과 윤리

제7장 과학기술과 윤리

인간의 역사는 과학기술의 발전과 함께해 왔다고 해도 과언이 아니다. 과학기술이 눈부시게 발전하게 된 데에는 많은 사람들의 헌신적인 노력이 있었다. 인간은 더 나은 삶을 꿈꾸면서 불가능한 것을 가능한 것으로 바꾸려고 노력해 왔는데, 그 중심에 과학기술이 자리하고 있다. 과학기술의 발전은 인류에게 많은 편의성과 유용성을 제공하고 있다. 먼 곳으로의 이동을 편리하게 하고, 노동 시간을 단축하여 삶을 여유롭게 하였으며, 인간의 노동력을 절감시키기도 하였다. 유전공학의 발전은 식량 부족의 문제를 해결하는 데 기여하였고, 생명공학의 발전은 인간의 수명을 연장시키는 데에 엄청난 영향을 미쳤다. 이러한 과학기술의 발전은 인간의 삶의 방식에도 큰 변화를 가져왔다.

그러나 과학기술의 발전으로 야기되는 부정적인 측면에도 유념할 필요가 있다. 정보통신 기술의 발전으로 개인정보의 무분별한 사용과 사생활 침해의 문제가 발생하고 있다. 원자력 기술은 에너지 문제를 해결하는 데에 기여했지만, 핵폐기물 처리와 방사능 유출의 위험성을 증폭시키기도 했다. 유전공학은 유전자 조작의 위험성을 내포하고 있어서 윤리적인 문제까지 유발하고 있다. 따라서 과학기술의 한계와 부작용에 대해 깊이 성찰하고 이를 극복하기 위한 합리적인 해결 방안을 모색해야 한다.

이 장에서는 과학기술의 발전과 윤리적 문제에 대해 알아볼 것이다. 「디지털 시대 인간의 자리」에서는 과학기술이 인간의 삶 전반에 영향을 미치는 시대에 인간의 자리는 어디인지에 대해 진지하게 물음을 던지고 있다. 「로봇의 부상」에서는 자동화로 발생하는 일자리의 감소 문제와 소비자들 사이의 구매력 분배가 대규모 시장경제에서 왜 중요한가에 대해 역설하고 있다. 「정보 선택권을 쥔 인류의 등장」에서는 시장 혁명의 원인을 스마트폰의 등장으로 보고 있으며, 다양하고 새로운 사회 기준의 변화에 대비하기 위해서는 철저한 준비를 해야 한다고 말한다. 「인공지능의 윤리학」에서는 자동화와 인공지능, 그리고 빅 데이터와 관련된 윤리적 갈등을 해소하기 위해서 전 세계적인 합의를 도출할 필요가 있다고 주장한다. 이러한 글들을 통해 이 장에서는 새로운 과학기술의 발전을 전망해 보고 거기에서 파생되는 윤리적인 문제에 대해 깊이 있게 성찰할 수 있을 것이다.

디지털 시대 인간의 자리

손화철

디지털 휴머니즘과 기술의 자율성

매해 개발이 임박한 신기술에 대한 전망을 내놓는 국제 정보기술 컨설팅업체 가트너(Gatner)는 2015년 여러 보고서와 기사들에서 '디지털 휴머니즘'이라는 개념을 제시하기 시작했다.

부상하고 있는 디지털 세상은 인간 중심적인 디지털 리더십을 요구한다. 디지털 휴머니즘은 디지털 사업과 디지털 업무 현장에서 사람이 중심이 되어야 한다는 개념이다. 디지털 휴머니즘을 받아들이는 사업들은 사람들이 그들의 목표를 성취하는 방식을 재정의하여 이전에 불가능했던 방식으로 그 일들을 이룰 수 있게 한다.

디지털 휴머니즘은 디지털 메커니즘, 즉 자동화를 기술의 핵심으로 보고 인간의 개입을 최소화하려는 흐름과 정반대이다. 이 관점의 배후에는 인간이 일상적이고 반복적이며 비효율적인 일들에 시간을 덜 쓰도록 하는 기술이 가치 있는 기술이라는 믿음이 깔려 있다.

나아가 가트너 보고서는 기술은 인간의 주인이 아니라 노예의 자리에 있어야 한다고 주장하면서 구글 글라스와 같은 첨단 기술들이 실패한 이유가 디지털 휴머니즘을 제대로 차용하지 못했다고 평가한다.

그러나 가트너의 이러한 입장이 과연 이 회사가 지금까지 표방해 온 기술발전에 대한 입장과 일관성이 있는지는 의문이다. 가트너의 디지털 휴머니즘을 소개한 국내의 여러 기사들만 보아도 여전히 미래 기술에 대한 전망에 초점을 맞추고 있을 뿐이다. 디지털 휴머니즘이 기존의 기술 중심적 사고를 어떻게 극복할 수 있는지에 대한 논의는 찾아보기 힘들다. 기술의 발전을 인간이 주도하고, 인간이 기술 개발에 대한 최종 결정권을 가져야 한다는 이야기는 너무 당연하고 평범해서 별달리 새로운 통찰을 우리에게 주지 못한다. 그보다는 기술발전이 인간 중심이 될 때 성공적이라는 주장이 과연 왜 이제 새삼스럽게 제기되었는지를 생각해보고, 그런 이야기를 꺼내야 하는 작금의 현실이 어떤 것인지에 대해 명징하게 분석하는 것이 더 적절할 것이다.

가트너의 디지털 휴머니즘은 "기술이 자율적이 되었다."고 주장한 프랑스의 사회학자이자 기술철학자인 자크 엘륄(Jacques Ellul)을 떠올리게 한다. 가트너가 간접적으로 우려하고 있는 그 상황, 즉 기술이 인간의 도구로 남아 있지 않고 스스로 자율성을 갖게 된 상황을 엘륄은 이미 1950년대에 설파하였다. 그에 따르면 현대 기술사회가 도래하면서 인간은 효율성의 법칙을 따라 움직이는 기술의 발전 과정에 주도적으로 개입하지 못하게 되었다. 즉, 인간이 자유롭다는 것은 '아니오'라고 말할 수 있다는 것을 의미하는데, 기술의 발전 과정과 방향에 대해서는 '아니오'라고 말할 수 없게 되었다는 것이다.

기술과 날씨

가트너의 기술 예측 분석이 대표하는 미래 기술에 대한 여러 논의들에서 공통적으로 발견되는 특징 하나는 기술의 발전을 날씨의 변화처럼 받아들이는 경우가 많다는 것이다. 일기예보에서 내일 비가 온다고 하면 우산을 준비하지 어떻게 하면 비를 그치게 할 수 있을지를 고민하지 않는다. 날씨란 주어지는 것이지 사람이 조종하는 것이 아니기 때문에 날씨의 변화에 대해서는 좋은 대응책을 마련하는 것이 최선의 방법이다.

미래 기술도 날씨처럼 변하는 것인가? 미래 기술의 발전 방향을 '예측'하고 그에 맞는 대비책을 마련하겠다는 시도들은 결국 이 물음에 대한 긍정적인 답을 전제로 한다. 그러나 기술은 인간이 특정한 목적을 위해 만드는 것이고, 저절로 바뀌는 것이 아니다. 따라서 미래 기술의 발전 방향은 예측해야 하는 것이 아니라 계획해야 하는 것이다.

물론 그 '인간'이라는 표현이 막연하고, 기술 개발의 궁극적인 주체는 특정 기업이나 국가, 혹은 개인이기 때문에 '인간'이 기술 개발의 미래를 결정한다는 것은 어불성설일 수 있다. 더구나 매우 경쟁적인 시장 체제 안에서 누가 무엇을 어떻게 개발할지 알 수 없는 상황에서 기술의 발전은 사실상 예측만이 가능한 날씨와 비슷할 수도 있다. 이 상황이 바로 위에서 언급한 '기술의 자율성' 개념을 통해 엘륄이 말하고자 하던 바이다. 아이러니하게도 기술혐오주의자라는 비판을 받았던 사상가와 최첨단 미래 기술을 예측하고 대비하려는 이들의 기술 이해가 사실은 일치하는 셈이다.

자율적 기술[autonomous technology]의 개념은 가트너 회사가 말한 '기술이 인간의 주인이 되는' 상황 또한 받아들이는 것이다. 따라서 디지털 휴머니즘을 이야기하기 위해서는 기술이 날씨처럼 인간의 지배를 벗어나 스스로 변화하는 것이라는 전제를 거부해야 하고, 기술이 인간의 지배하에 있도록 하기 위한 방안을 마련할 필요가 있다. 그런 면에서 가트너의 디지털 휴머니즘 논의는 대체로 빈약하다. '인간중심주의'가 무엇이며, 그것을 지키기 위한 방안이 무엇인지에 대해서는 별다른 입장이 없기 때문이다. 엘륄이 말한 것처럼 '아니오'라고 말할 수 있어야 하지만, 가트너 보고서는 어떤 기술에 대해서도 감히 '아니오'라고 말하지 못한다.

기술사회에서 인간의 자리와 전문가의 역할

 그렇다면 어떻게 해야 급변하는 기술사회에서 인간의 자리를 유효하게 확보할 수 있을까? 이미 앞선 논의에서 기술발전과 관련된 각 주체별로 고려해야 할 점들을 제시하였지만, 그 모든 노력은 근본적으로 "우리가 어떤 세상에서 살기 원하는가?"에 대한 깊은 고민 위에 서 있어야 한다. 이때 '세상'은 현재 기술발전을 구가하고 있는 선진국들만을 의미하는 것은 아니어야 할 것이다. 현대기술의 가장 큰 특징 중 하나가 공간적인 거리를 무의미하게 만들었다는 것인데, 기술발전으로 새롭게 되는 세상을 말할 때에는 매우 국지적인 차원에서만 이야기한다는 것은 아이러니할 뿐 아니라 서글프다. 자동차가 자율주행을 하고 모든 사물이 서로 소통하여 사람이 원하는 것을 미리미리 제공하는 '세상'과 기아로 고통받는 수억 명의 사람들이 있는 '세상'은 사실 그리 멀지 않다. 새로운 기술을 이야기할 때에는 과연 그 기술을 통해 이 세상의 고통이 얼마만큼 줄어들 것인지, 수많은 사람들의 삶이 얼마만큼 더 나아질 것인지에 대한 고려가 당연히 있어야 한다.

 이러한 고민과 물음은 기술발전의 당위성을 폄훼하려는 것이 아니라 오히려 보완하기 위해 제기되는 것이다. 미래 기술이 도래하면 과연 행복할 것인가를 물을 것이 아니라, 행복한 세상을 위해 어떤 기술이 필요한지를 물어야 하고, 그 물음을 완성하기 위해서는 행복한 세상이 어떤 세상인지를 다시 물어야 한다. 사람마다 다른 기준과 생각이 있기 때문에 행복한 세상, 좋은 세상이 어떤 것인지에 대한 논의는 광범위한 사회적 합의를 필요로 한다. 현대기술의 규모와 영향력의 크기가 개별 국가의 범위를 훌쩍 넘어서기 때문에 기술 개발의 필요성, 타당성과 적절성에 대한 물음 역시 큰 차원에서 일어나야 한다. 기술이 인간의 삶 전반에 영향을 미치고 있는 만큼 기술의 시대에 인간의 자리가 어디인지에 대한 토론이 필요하다.

활동 1 행복한 세상을 위해 필요하다고 생각하는 기술을 제시하고, 그 의의를 생각해 보자.

필요한 기술	의의

활동 2 위의 활동을 바탕으로 자신이 생각하는 행복한 세상을 세 단락 이상으로 제시해 보자.

....
....
....
....
....
....
....
....
....

로봇의 부상

마틴 포드

비교적 반복적이고 예측 가능한 작업을 수행하는 직종이
앞으로 10년 동안 자동화에 의해 더 큰 타격을 받으리라는 점은
거의 의심의 여지가 없다.

전설적인 미국 자동차 노조 지도자 월터 류터와 헨리 포드 2세가 자동화된 자동차 공장을 둘러보며 나눴다고 전해지는 대화는 유명하다. 포드는 류터에게 조롱하듯 이렇게 물었다. "위원장님, 저 로봇들로부터 노조회비를 어떻게 받으실 건가요?" 류터는 곧장 이렇게 맞받아쳤다. "회장님, 저 로봇들에게 어떻게 차를 팔 생각이십니까?"

이런 대화가 실제로 오고 갔을 듯하지는 않지만, 이 일화는 자동화가 널리 보급됨에 따라 사람들 마음속에 자리 잡기 시작한 우려의 한 측면을 보여준다. 근로자는 소비자이기도 하며, 이들은 임금에 의지하여 경제가 생산한 제품과 서비스를 구매한다. 미국 경제의 다른 어떤 부문보다도 자동차 산업은 근로자가 행하는 이 두 가지 역할이 얼마나 중요한가를 잘 보여준다. 헨리 포드 1세가 1914년에 모델 T의 생산량을 급격히 늘리면서 임금도 두 배로 올려 하루에 5달러를 지급한 일은 유명하다. 이렇게 해서 포드는 종업원들이 스스로 만든 차를 구매할 수 있는 여력을 갖도록 해주었다. 그때를 시작으로 하여 자동차 산업의 발달은 거대한 미국 중산층의 탄생과 떼려야 뗄 수 없이 얽혀 돌아갔다. 그러나 상승하는 임금과 다수의 소비자를 굳건한 기반으로 하는 수요 사이의 긴밀한 공생 관계가 해체되고 있다는 증거가 나타나고 있다.

상상 속의 사건

류터의 경고가 최악으로 가는 상황을 떠올리기 위해 한 가지 상상을 해보자. 갑자기 해괴한 외계인 종족이 지구를 침략한다. 거대한 우주선에서 쏟아져 나오는 수천수만의 외계인은 알고 보니 지구를 정복하거나 자원을 빼앗으러 온 것이 아니고 심지어 지구인 지도자들을 만나러 온 것도 아니다. 이들은 일자리를 찾아 온 것이다.

이 외계인 종족들은 인간과는 완전히 다른 방식으로 진화해왔다. 외계인 사회는 개미나 벌 같은 사회적 곤충 집단과 대략 같으며, 우주선을 타고 온 개체들은 모두 노동자, 그러니까 일벌이나 일개미 계층에 속하는 개체들이다. 각각의 개체는 지능이 뛰어난 데다가 언어 학습과 문제 해결 능력이 있으며 창의력까지도 갖추고 있다. 그런데 이 외계인들은 딱 한 가지 욕구에 따라 움직인다. 이들은 유용한 일을 수행하는 데에서만 성취감을 느낀다.

외계인들은 여가, 오락, 기타 지적 추구 같은 데는 관심이 없다. 이들에게는 가정, 사적인 공간, 사유재산, 돈 같은 개념도 없다. 잠을 자야 한다면 그저 일터에서 서서 잔다. 미각이 없기 때문에 무엇을 먹든 상관하지 않는다. 이들은 무성생식을 하며 몇 달 만에 성숙한 개체가 된다. 이성을 유혹할 필요도 없고 여러 개체 사이에서 나 혼자 튀고 싶은 욕구도 없다. 외계인들은 그저 공동체에 봉사할 뿐이다. 이들은 오직 일만 한다.

조금씩 외계인들은 인간 사회와 경제에 통합되어간다. 이들은 열심히 일하지만 임금을 전혀 요구하지 않는다. 이들에게는 일 자체가 보상이다. 일 이외의 어떤 보상도 이들은 상상하지 못한다. 외계인을 고용하는 데에 드는 비용이라고는 이들 특유의 음식과 물을 제공하는 것뿐이며, 이렇게만 해주면 빠른 속도로 번식한다. 이런 사실이 알려지자 무수한 기업이 이들을 재빨리 고용하여 여러 가지 일을 맡겼다. 외계인은 처음에는 저숙련 반복 작업으로 시작했으나, 곧 좀 더 복잡한 작업도 수행할 수 있는 능력을 드러냈다. 조금씩 외계인들은 사람을 밀어내기 시작했다. 처음에는 지구인을 외계인으로 대체하는 데에 저항감을 보이던 기업주들도 경쟁자들이 이들을 고용하기 시작하자 결국 대세를 따라갈 수밖에 없게 되었다.

이렇게 되자 사람들의 실업률이 사정없이 치솟았고 경쟁이 치열해짐에 따라 아직 일자리가 있는 사람들의 소득도 제자리걸음을 하거나 떨어지기 시작했다. 몇 달이 지나고 몇 년이 가자 실업 수당도 바닥이 나버렸다. 실업자들은 정부에 도움을 요청했으나 진전이 없다. 미국에서는 민주당이 외계인 고용 제한을 주장한다. 대기업의 치열한 로비를 받은 공화당은 이러한 법안의 통과를 차단하면서 외계인이 전 세계에 널려있음을 지적한다. 그러니까 미국 기업이 외계인을 고용하는 것을 어떤 식으로든 제한하면 미국의 경쟁력이 크게 떨어질 것이라는 주장이다.

일반 대중은 미래에 대해 점점 더 두려움을 갖는다. 소비 시장은 극심하게 양분된다. 잘나가는 기업의 업주나 대규모 투자가, 안정적인 회사의 임원 같은 소수는 기업의 수익률이 높아짐에 따라 매우 안락한 삶을 누린다. 사치품과 고급 서비스 산업이 호황을 누린다. 나머지 사람들은 모두 싼 물건을 찾아 헤맨다. 실업자가 늘어나고, 곧 직장을 잃을지도 모른다는 두려움이 퍼져감에 따라 살아남기 위해 사람들은 최대한 절약을 한다.

그러나 얼마 지나지 않아 막대한 기업의 수익도 더 이상 지속될 수 없음이 분명해진다. 기업의 이익은 거의 전부 인건비 삭감으로부터 나온다. 결국 수익성은 정체하다가 떨어지기 시작한다. 외계인들은 물론 아무것도 사지 않는다. 사람들은 절대적으로 필요한 물건 이외에는 눈도 돌리지 않는다. 생필품이 아닌 제품을 생산하는 기업들은 결국 도산하기 시작한다. 저축과 신용이 바닥난다. 집을 산 사람들은 모기지를 지불할 수가 없게 된다. 세입자들은 세를 낼 수 없게 된다. 주택 담보 대출, 기업 대출, 소비자의 부채, 학자금 대출을 상환하지 못하는 경우가 폭증한다. 복지 수요는 크게 늘어나는데 세수는 폭락해서 정부조차 부도 위기에 몰린다. 새로운 재정 위기가 다가옴에 따라 심지어 부유층조차 소비를 줄인다. 명품 가방이나 고급 차 대신 이들은 금을 사는 데에 몰두한다. 여기까지 오자 외계인의 침입은 인간에게 전혀 이롭지 않은 일이 되고 말았다.

기계는 소비하지 않는다

방금 말한 외계인의 비유는 물론 극단적이다. 아마 초 저예산 공상과학영화의 플롯으로나 쓸 수 있을 것이다. 그렇기는 하지만 이 이야기는 자동화의 진전이라는 상황에 대처할 정책이 없을 경우 적어도 이론적으로 자동화가 사람을 어디까지 끌고 갈 수 있는가를 보여준다.

이제까지 한 이야기의 골자는 가속적으로 발달하는 기술이 숙련도의 고저를 막론하고 모든 산업 분야에서 일자리를 위협할 수 있다는 사실이다. 이러한 경향이 실제로 나타나면 전체 경제에 심각한 영향을 끼칠 것이다. 무자비한 자동화로 인해 일자리가 사라지고 이에 따라 소득이 없어지고 나면 대부분의 소비자들은 경제성장에 필수적인 수요 창출에 필요한 구매력을 상실할 것이다.

어떤 경제 내에서 생산된 제품과 서비스 하나하나는 결국 누군가에게 팔려간다. 즉 소비된다는 뜻이다. 경제학에서 '수요'란 어떤 대상을 향한 욕구 또는 필요라는 뜻으로, 여기에는 이를 구매할 소비자의 능력과 의지라는 뒷받침이 필요하다. 경제 내에서 제품과 서비스에 대한 최종 수요를 창출하는 주체는 개인과 기업 둘뿐이다. 개인의 소비는 미국 GDP의 적어도 3분의 2를 차지하며, 다른 선진국에서도 대략 60퍼센트 이상이다. 말할 것도 없이 개인 소비자의 압도적 다수는 소득의 거의 전부를 고용으로부터 얻고 있다. 직업이야말로 구매력이 배분되는 일차적 메커니즘인 것이다.

물론 기업도 구매 활동을 하지만 그 구매가 최종 수요는 아니다. 기업은 다른 어떤 것을 생산하기 위해 구매 활동을 하고, 이를 자신의 활동에 투입한다. 기업은 또한 미래의 생산을 위해 투자할 목적으로 구매를 하기도 한다. 그러나 기업이 만드는 물건이나 서비스에 대해 수요가 전혀 없다면 기업은 문을 닫을 것이고, 따라서 투입을 위한 구매도 끝날 것이다. 물론 기업이 다른 기업에게 뭔가를 팔 수도 있다. 그러나 이런 활동을 연결한 사슬 맨 끝까지 내려가 보면 결국 욕구 또는 필요에 의해 뭔가를 구매하는 개인이나 정부와 마주하게 된다.

　여기서 핵심적인 점은 근로자도 소비자이며, 소비를 통해 다른 소비자를 먹여 살린다는 점이다. 이 모든 개인들이 모여 최종 소비 활동을 추진한다. 그러나 근로자를 기계로 대체하면 이 기계는 소비하지 않는다. 기계도 에너지와 부품을 필요로 하며 유지보수도 해야 하지만, 이는 기업의 투입이지 최종 수요는 아니다. 기계가 생산하는 것을 살 사람이 아무도 없으면 그 기계를 돌리는 기업은 결국 문을 닫을 것이다. 자동차 공장의 로봇은 그 로봇이 조립하는 차를 아무도 사지 않으면 결국 가동을 멈출 수밖에 없다.[1]

　자동화로 인해 소비자들이 의지하고 있는 일자리의 대부분이 사라지거나 임금이 너무 낮아져서 실질적인 구매 행위를 할 수 있는 소득을 올리는 사람이 아주 적어지는 데까지 이르면 오늘날의 대규모 시장경제가 무슨 수로 계속 번영할 수 있을까? 미국 경제의 근간을 이루는 주요산업(자동차, 금융업, 가전제품, 통신, 의료 등)은 거의 다 수억 명의 소비자가 존재하는 시장을 대상으로 한다. 시장을 움직이는 힘은 시장에 투입된 돈의 총액뿐만 아니라 개별 수요에서도 나온다. 아주 부유한 사람은 비싼 차를 한 대, 아니면 10대 정도를 살 수도 있을 것이다. 그렇다고 해서 개인이 차를 수천 대씩 사지는 않는다. 휴대전화, 노트북 컴퓨

---

[1] 물론 로봇이 모두 생산에만 쓰이지는 않는다. 소비자용 로봇도 있다. 언젠가 집안일을 할 능력이 있는 개인용 로봇을 소유하는 날이 온다고 생각해보자. 이 로봇은 전력을 '소비할' 것이고 유지보수를 해야 할 것이다. 그러나 경제학적으로는 로봇이 아니라 그 로봇의 주인이 소비자이다. 주인이 직업과 소득이 있어야지, 그렇지 않으면 로봇의 유지비를 감당할 수 없다. 로봇은 최종 소비를 창출하지 않는다. 사람이 창출한다. 물론 이는 로봇이 본격적인 지능이나 감각을 갖추고 있지 않고, 따라서 소비자로 행동하는 데에 필요한 경제적 자유가 없음을 전제로 한다.

터, 외식, 케이블 TV 가입, 모기지, 치약, 치과 치료를 비롯해 우리가 상상할 수 있는 모든 소비재와 서비스의 경우도 마찬가지이다. 대규모 시장경제에서는 소비자들 사이의 구매력 분배가 매우 중요하다. 소득이 소수의 구매자들에게만 극단적으로 집중되면 결국 여러 산업을 지탱하는 시장의 생존이 위협받을 수밖에 없다.

활동 **1** 윗글에서 자동화가 인간사회에 끼치는 영향을 찾아 정리해 보자.

....
....
....
....
....

활동 **2** 자동화에 대한 대비책을 모둠별로 토의한 후 발표해 보자.

토의 안건	
토의 내용	
토의 결과	

정보 선택권을 쥔 인류의 등장

최재붕

세계적으로 4차 산업혁명이 화두입니다. 최근 우리나라 역시 4차 산업혁명이 가장 핫한 이슈이죠. 4차 산업혁명은 '혁명'이 시작되었다고 할 만큼 세상의 변화가 엄청나다는 뜻입니다. 인공지능, 로봇, 사물인터넷, 빅 데이터, 드론, 자율주행차, 3D프린터 등이 4차 산업혁명을 이끌어갈 기술로 거론되고 있습니다.

다만 하도 많이 듣는 말들이라 이 기술들이 중요하다는 건 알겠는데, 아직 구체적으로 산업화된 건 없다 보니 막연하게 '앞으로 개발해야 할 미래기술이구나.' 정도로만 여겨지고 있습니다. 사실상 대다수의 사람들이 4차 산업혁명을 두루뭉술하게 인식하고 있다는 것이죠. 하지만 우리의 일상을 잘 관찰해보면, 이 생소한 것은 이미 우리 생활 깊숙이 들어와 있습니다.

일상이 이미 혁명이다

먼저, 요즘 은행에 가는 일이 줄었습니다. 대부분의 은행 업무는 스마트폰으로 해결이 가능하기 때문입니다. 2018년 통계에 따르면 은행 거래 건수의 80퍼센트 이상이 자동화기기와 인터넷으로 이뤄지고, 지점 거래 건수는 10퍼센트 이하였습니다. 그러다 보니 지점이 많이 필요가 없죠. 실제로 한국씨티은행은 2017년 127개 지점 중 무려 90개를 폐쇄하고, 광역별로 통합 센터를 만들어 80

퍼센트의 지점 폐쇄를 단행했습니다. 그리고 1년 만에 영업이익 7퍼센트 개선을 달성했다고 발표합니다. 이들뿐 아니라 많은 은행들이 10년 안에 지점 폐쇄를 할 것이라 예고하고 있습니다. 지점은 줄이고 인터넷 뱅킹은 강화한다는 것입니다.

유통산업은 어떤가요. 백화점이나 대형마트의 매출은 전체적으로 감소했으나 온라인 판매는 그 수도, 매출도 급격히 증가했습니다. 미국에서는 2017년부터 2018년 사이, 대형백화점의 3분의 1이 문을 닫았습니다. 미국 백화점의 상징이자 유통 혁신의 아이콘이었던, 125년 전통의 시어스(Sears) 백화점도 2018년 결국 파산하고 말았죠. 미국 경기가 초호황인데도 대형 백화점이 파산한 이유는 아마존(Amazon)으로 대표되는 온라인 유통 때문입니다. 유통에도 혁명의 바람이 분 것입니다. 우리나라도 2018년부터 온라인 거래가 매우 빠른 속도로 증가하며 연 매출 100조 원을 돌파했습니다. 특히 모바일 쇼핑이 크게 늘고 있습니다.

방송산업은 더 심각합니다. 우리나라 지상파 방송사 광고시장은 지난 10년 사이 무려 50퍼센트가 줄었습니다. 매년 매출이 5퍼센트씩 증가할 거라고 예상하며 5개년 운영 계획을 세웠는데, 5년 동안 시장 자체가 계속 줄어버리면? 회사가 망할 수밖에요. 우리는 어떻게든 버티고 있지만 미국은 이미 엄청난 M&A(Mergers & Acquistions)와 파산, 매각이 방송계를 한바탕 쓸고 지나갔습니다. 이름 있는 지상파 방송국과 신문사는 거의 주인이 바뀌었고, 100년 전통의 《타임(Time)》도 결국 파산 후 인수되었습니다. 그러고 보니 우리나라도 달라졌습니다. 여러분은 KBS를 많이 보시나요, 유튜브를 더 많이 보시나요? 그렇다면 앞으로 시청료는 어디다 내야 할까요?

그렇습니다. 생소하고 멀게만 느껴지는 혁명이라는 것은, 사실 우리가 살아가는 매일의 시장경제에 이미 깊숙이 들어와 있습니다. 인공지능, 로봇, 사물인터넷은 아직 이 혁명에 조금도 개입하고 있지 않은데 말입니다.

그렇다면 시장 혁명의 원인은 무엇일까요? 시장 혁명의 원인을 정확히 알아야 엄청난 변화를 대비해 준비를 제대로 할 수 있습니다. 기업은 생존 전략을 짤 수 있고 개인은 미래 계획을 세울 수 있죠.

생물학적 한계가 무너지다

사실 원인은 아주 명확합니다. 바로 스마트폰 때문이죠. 직접적인 원인은 스마트폰 사용 후 소비 행동이 바뀐 탓입니다. 은행에 가지 않아도 스마트폰으로 은행 업무를 볼 수 있으니 지점 폐쇄가 가능합니다. 백화점이나 마트에 가지 않아도 스마트폰으로 다양한 물건을 살 수 있으니 백화점 판매는 줄어들고 결국 문을 닫게 되는 것입니다. 방송도 마찬가지입니다. 방송은 텔레비전으로 보는 것이라 굳게 믿던 인류는, 이제 스마트폰으로 원하는 프로그램만 찾아보게 되었습니다.

이렇듯 스마트폰의 등장으로 인류의 소비방식이 바뀐 것이 혁명의 직접적인 원인입니다. 그런데 무서운 사실은, 이토록 빠르게 일어나는 변화가 모두 자발적 선택이라는 것입니다. 이미 전 세계 36억 명의 인구가 스마트폰을 사용하고 있고, 우리나라도 2018년부터 '1인 1 스마트폰 시대'가 시작되었습니다.

이 모든 일은 2007년, 아이폰이 탄생한 후 불과 10년 만에 벌어진 일입니다. 어떤 교육기관에서도, 방송사에서도, 스마트폰을 사용하라고 교육하거나 계몽하지 않았습니다. 그 많은 인구가 스스로 선택해 그 어려운 걸 굳이 배우고 익혔습니다. 이런 자발적인 선택에 의한 변화는, 다른 용어로 '진화'라고 할 수 있습니다.

진화가 무서운 것은 절대 역변이 없다는 데 있습니다. 2022년에는 전 인류의 80퍼센트가 스마트폰을 쓰게 될 거라고 하니 앞으로 스마트폰 문명은 무조건 더욱 거센 속도로 확산될 것입니다. 결국 미래사회는 답이 정해져 있습니다. 우리가 어떤 사회로 나아갈지는 아무도 알 수 없지만, 스마트폰과 인터넷을 기반으로 하는 디지털 문명사회로 발전할 것은 명백해 보입니다. 그래서 스마트폰 기반의 디지털 소비 문명에 대해 정확히 이해해야 합니다. 어떤 특징을 갖고 있고, 어떤 사람들에 의해 만들어지고 확산되는지에 대해 말이죠. 특히 이 문명에 익숙하지 않은 세대는 더욱 잘 알아야 합니다.

스마트폰이 만든 가장 큰 변화는 인류의 생각을 바꾼 것입니다. 생물학적 한계를 가진 인간이 생각을 만드는 방법은 정해져 있습니다. 인간이 어떻게 생각을 만드는지는 이미 많은 학자들이 이론적으로 정리한 바 있습니다. 대표적인 학습 이론이 바로 복제 이론[Meme Theory]입니다. 정보를 보고 그것을 뇌에 복제해서 생각을 만든다는 이론입니다. 카피(copy)가 학습의 기본이라는 거죠. 아기들은 태어나서부터 부모가 하는 모든 것을 보고 따라 하며 학습을 시작합니다. 성인이 되어서도 마찬가지입니다. 정보를 보고 뇌에 복제해 생각을 만들어갑니다. 따라서 보는 정보가 달라지면 생각이 달라집니다. 스마트폰이 등장한 뒤 사람들이 보는 정보는 달라졌고, 그래서 36억 인구의 생각이 달라져 버렸습니다. 이 정보 전달의 변화가 개인과 사회가 바뀐 가장 큰 이유입니다.

사회의 정보 전달 체계 역시 달라졌습니다. 지난 30년간 현대사회 정보 전달의 중심축을 담당하던 신문과 방송은 이제 그 힘이 현저히 줄어들었죠. 대한민국 통계청 자료에 따르면, 2007년 전체 가구 중 유료 종이신문 구독률은 무려 73퍼센트였습니다. 아침에 신문이 배달되면 73퍼센트의 국민이 같은 시간대에 모두 같은 걸 보고 복제하는 나라, 그래서 매일같이 유사한 생각을 함께 만들던 나라가 바로 우리나라였죠. 그래서 언론의 힘도 막강했고 사회 전체가 갖는 대중의식도 매우 견고한 사회였습니다. 길을 걷다 만나는 사람들 대부분이 비슷한 생각을 갖고 있다고 해도 크게 어긋나지 않는 말이었습니다. 방송이 갖고 있는 계몽의 힘도 사회 유지에 매우 중요한 역할을 해왔습니다. 대중의식의 복제는 우리나라 사회 유지의 근간이라고도 할 수 있었습니다.

그런데 2009년 11월 애플의 아이폰이 대한민국에 상륙하고 10년 만에, 우리 사회의 정보 전달체계는 엄청난 속도로 변해 버렸습니다. 종이신문 구독률은 20퍼센트까지 추락했습니다. 피부로 느끼는 변화는 훨씬 더 거대합니다. 2018년 대기업의 신임 과장 교육을 맡게 되었을 때, 30대 중반인 교육생들 3,500명에게 종이신문을 보냐는 질문을 해보았는데요, 본다고 답한 사람은 단 9명뿐이었습니다. 이보다 어린 대학생들은 이미 거의 종이신문을 보지 않았습니다.

물론 신문 기사를 보지 않는 것은 아닙니다. 아니, 오히려 더 많은 기사와 정보를 봅니다. 통신사 통계에 따르면, 1인당 모바일 데이터 사용량은 지난 10년간 100배 이상 늘었고 LTE 시대에 진입하면서 콘텐츠의 전달 속도는 더 빨라지고 있습니다. 이제 막 첫걸음을 뗀 5G 시대가 본격화되면 이 속도는 더욱 빨라질 것으로 예상됩니다. 그러고보니 그렇습니다. 사람들은 거의 무의식적으로 폰을 열어 정보를 봅니다. 뇌는 의식하든 안 하든 그걸 복제하고, 복제된 정보는 생각으로 저장됩니다. 그만큼 많은 생각을 하게 되었다는 뜻이죠. 그럼 도대체 무엇이 어떻게 달라졌을까요?

뉴 노멀, 역변 없는 진화

일단, 매일같이 반복되던 대중의식의 형성 과정이 사라졌습니다. 아침에 신문이 배달되어도 생각의 동시 복제는 일어나지 않고, 그래서 대중의식은 만들어지지 않습니다. 정보를 보는 패턴도 완전히 달라졌습니다. 스마트폰을 손에 든 인류는 정보의 선택권이 자신에게 있다는 걸 알아버렸고, 그에 따라 정보를 보는 방식도 진화한 것입니다. 뇌는 자기에게 즐거움을 주는 정보를 끊임없이 원합니다. 이것이 진화의 방향이죠. 그래서 스마트폰을 통해 자기가 좋아하는 정보만을 보고 복제하게 되었고, 이로 인해 생각은 모두 개인화되었습니다. 언론은 여전히 중요하긴 하지만 과거와 같은 절대적 권력을 더 이상 누리지 못하게 되었고 그 영향력은 갈수록 줄어들고 있습니다. 정보 선택권을 가진 인류가 새로운 권력으로 등장하면서 '선택받지 못하면 생존할 수 없다.'는 새로운 기준이 등장한 탓입니다.

이렇게 정보 전달 체계와 권력의 패러다임이 바뀌면서 우리 사회는 큰 혼란에 직면하게 됩니다. 달라진 사회 구성원들의 생각이 사회에 새로운 기준을 요구하면서 일어나는 혼란입니다. 과거에는 관행이라고 생각되던 일들이 이제는 받아 줄 수 없는 범죄행위가 되는 것도 이러한 이유입니다. 개인화된 대중들은 더 이상 개인의 행복과 권익을 침해하는 어떤 불합리한 권력도 용인할 수 없게 된 것입니다.

사실 우리 사회는 조직의 안녕과 발전을 위해, 권력을 갖고 있는 사람의 불합리한 폭력적 행위를 '관행'이라는 이름으로 묵과했던 게 사실입니다. 하지만 사회의 발전과 개인화가 맞물리면서, 이 모든 불합리한 행위가 더는 용인될 수 없는 사회로 변화하고 있습니다. 더구나 스마트폰으로 이런 행위를 언제 어디서든 기록할 수 있게 되면서 지탄받아야 할 행동들이 드러나게 되었고, 더 이상 과거와 같은 방식으로는 묻어버릴 수 없게 되었습니다. 도덕의 새로운 기준이 시작되었다고 해도 결코 지나친 표현이 아닐 겁니다. 이런 환경에 익숙하지 않은 사람들이 혼란스러워하는 것도 당연한 일입니다. 사회가 진화하는 과정인 만큼 자연스러운 현상입니다. 이미 상식이 된 미투 운동이나 젠더 간의 갈등 문제 등이 대표적 현상입니다. 이런 변화는 사회 구성원의 의식 변화에 따른 자연스러운 현상입니다.

앞으로도 이런 변화는 계속될 겁니다. 사회 기준의 변화에 따른 많은 부작용이 나타날 수도 있지요. 그러나 분명한 것은 새로운 인류가 새로운 사회의 기준, 새로운 도덕의 기준, 새로운 상식을 요구하고 있다는 것입니다. 이런 변화가 익숙하지 않은 세대들에게는 힘든 일일 수 있겠지만 적응해야 하는 현실이기도 합니다.

활동 1 | 윗글에서 스마트폰의 등장으로 달라진 사회 변화를 찾아 정리해 보자.

등장 이전	등장 이후

활동 2 | 스마트폰의 바람직한 활용 방안을 제시해 보자.

인공지능의 윤리학

마우로 기옌

　기술은 우리에게 이득을 주지만 동시에 윤리적 갈등도 제기한다. 무인자동차가 교차로를 향해 달려가고 있다고 상상해보자. 이 차는 원래 오른쪽으로 돌아가도록 설정되어 있으며, 차의 감지 장치는 오른쪽에서 다가오는 자전거 탄 사람을 주의 깊게 살펴보고 있었다. 그때 갑자기 한 어린아이가 엄마 손을 벗어나 차가 오는 방향으로 뛰어들었다. 이 경우 차의 통제 컴퓨터는 자전거 탄 사람과 어린아이 어느 쪽을 희생시켜야 할지 바로 결정해야 한다. 어떻게 최소한의 피해만 일으킬지 정확하게 계산하거나 더 많은 자료를 수집할 시간은 전혀 없으며, 또 어느 쪽 생명을 더 귀중하게 여겨야 할지 생각할 겨를도 없다. 자, 자전거 탄 사람인가 아니면 어린아이인가? 통제 컴퓨터는 과연 어떤 결정을 해야 하는가?
　이 이야기는 이른바 '궤도차량 문제'로 잘 알려진 심리 시험 문제를 변형한 것이다. 사람이 외부에서 조종하는 궤도차량이 달려가는데 양 갈래 길에서 이쪽 길로 가면 한 사람이 죽고 다른 쪽 길로 가면 다섯 사람이 죽는다. 내가 만일 이 궤도차량을 조종한다면 어느 쪽 길을 선택할까? 궤도차량 문제는 단순한 도덕적, 윤리적 판단으로는 해결할 수 없는 복잡하고 어려운 상황을 제시한다. 영화 〈소피의 선택〉에서 배우 메릴 스트립은 제2차 세계대전 당시 나치 독일 치하의 폴란드에서 저항군에 협력하는 여성 소피를 연기했다. 소피는 결국 두 아이와 함께 체포되어 수용소로 보내졌고, 그곳에서 만난 한 독일군 장교는 소피의 선택에 따라 한 아이는 죽이고 한 아이는 살려서 다른 수용소로 보내겠다고 말한다. 둘 중 어느 쪽도 선택하기 불가능한 상황에서 어쨌든 소피는 순간적으로 끔찍한 선택을 해야 한다. 궤도차량이 갈 길을 선택해야 하는 것처럼 말이다. 이런 유형의 도덕적, 윤리적 선택의 갈등은 전투기에 탑승하는 조종사보다 먼 곳에서 원격으로 무인 전투기를 조종하는 조종사가 작전 수행 후 더 큰 외상 후 스트레스 장애를 경험하는 원인을 설명해줄 수 있다. 전투기 조종사는 자신의 목숨도 위험한 상황에서 작전에 임하지만 무인 전투기 조종사는 멀리 떨어진 안전한 기지에서 삶과 죽음을 결정해야 한다. 《뉴욕타임즈》에 이얼 프레스(Eyal Press)가 기고한 기사에 애런(Aaron)이라는 무인 전투기 조종사에 관한 이야기가 나온다. "애런의 눈앞에 끔찍할 정도로 익숙한 장면이 펼쳐졌다. 무인 전투기의 공격 이후 발생한 희생자들의 운구 행렬이었다." 애런은 산전수전을 겪은 군인이었지만 심한 정신적 충격과 고통을 느끼기 시작했다. 그는 욕지기와 피부병, 만성 소화불량 등으로 점점 심신이 쇠약해졌다. "정말로 상태가 좋지 않았다." 애런이 프레스에게 한 고백이다. 그는 누구를 죽이고 누구를 살릴 것인가를 매일 결정해야 했고 그 때문에 심각한 갈등을 겪었다.

    2016년과 2017년, MIT가 주도한 다국적 연구진이 이른바 '도덕 기계 실험'을 했다. 문화권이 각기 다른 사람들이 앞서 언급한 곤란한 상황들에 어떻게 대처하는지 확인하기 위해서였다. 연구진은 인터넷으로 200곳이 넘는 국가와 지역에 걸쳐 200만 명이 넘는 사람들로부터 자동차 운전에 관한 4000만 건에 가까운 결정을 수집했다. 연구진은 응답자들에게 다른 사람의 죽음을 피할 수 없는 13가지 경우를 제시했다. 일부 문제들은 상대적으로 결정하기가 쉬웠다. 예를 들어 반려동물과 사람 중 어느 쪽을 희생시켜야 할까? 더 많은 수와 더 적은 수, 어느 쪽 생명을 우선순위로 정해야 하는가? 어떤 결정들은 도덕적, 윤리적으로 훨씬 판단하기 어려웠다. 정상인 사람과 장애인 중 어느 쪽을 먼저 보호해야 하는가? 범죄자와 법을 잘 준수하는 시민이 눈앞에 있을 때는? 이 실험에서 사람들은 동물보다는 사람을, 소수보다는 다수를, 그리고 나이 든 사람보다는 젊은 사람을 더 중요시했다. 연구자들은 다음과 같은 결론을 내렸다. "이 세 가지 선호도를 기계의 윤리학을 구성하는 가장 중요한 세 가지 요소로 사용할 수 있을 것이다."

물론 예상한 대로 약간의 차이점들도 발견되었다. 남성과 여성 모두는 여성을 좀 더 중시했고, 여성들이 특히 같은 여성을 좀 더 중요하게 여겼다. 종교를 믿는 사람들은 동물보다 사람을 더 중요하게 생각하는 경향이 있었다. 또한 지역에 따라서도 큰 차이가 나타났다. "나이 든 사람보다 젊은 사람을 중시하는 경우는 유교를 믿는 아시아 국가들과 일부 이슬람 국가들에서는 거의 찾아볼 수 없었고, 라틴아메리카와 프랑스어권 아프리카 같은 남부 지역에서 뚜렷하게 나타났다." 지위가 높은 사람과 낮은 사람에 관한 결정에서도 비슷한 결과가 나타나, 아시아 국가와 일부 이슬람 국가에서는 지위가 높은 사람을 좀 더 중시했다. 그런데 남부 지역 사람들은 "사람보다는 동물을 훨씬 선호했다." 또한 "지역을 막론하고 비슷한 수준으로 차에 탄 사람보다는 보행자를 약간 더 중요하게 여겼고, 범죄자보다는 일반 시민을 적당한 선에서 더 보호해야 한다고 생각했다." 개인적인 성향의 문화가 강한 지역 사람들은 젊은 사람들의 생명을 좀 더 중요하게 여겼고, 가난한 나라 사람들은 교통신호를 지키는 사람이 아니라 지키지 않는 사람에게 좀 더 너그러웠다. 조금 당혹스러운 일이지만 경제적 불평등이 심한 지역 사람들은 지위가 높은 사람을 더 중요하게 여기는 경향이 있었다.

이 연구 결과와 관련해 골치 아픈 점은 "기계의 윤리학을 이용하면 로봇에게 완벽한 규칙을 적용할 수 있다고 생각하는 사람들이 있다는 사실"이라고 연구에 참여한 이야드 라완(Iyad Rahwan)은 말했다. "자료에 근거해 우리가 보여주려 하는 건 보편타당한 규칙이나 진리가 아니다." 이 연구에 참여한 에드먼드 아와드(Edmond Awad)도 이렇게 지적했다. "인공지능이 각기 다른 집단의 사람들에 대해 각기 다른 윤리적 결과를 적용할 수 있다는 사실을 깨달은 사람들이 점점 늘고 있다. 사람들이 그렇게 생각한다면 고무적인 일이다." 아우디에서 자율 주행 부서를 담당하는 바르바라 베게(Barbara Wege)는 이렇게 덧붙였다. "우리가 감당해야 하는 위험에 관해 사회적으로 합의할 때가 온 것 같다."

인공지능 출현으로 불거진 문제는 궤도차량 문제에 관한 도덕적 갈등뿐이 아니다. 소나타 소프트웨어(Sonata Software)의 최고경영자 스리카 레디(Srikar Reddy)와 나는 최근에 세계 경제 포럼[World Economic Forum]의 인터넷 지면을 빌려 이렇게 주장했다. 우리는 의무에 따른 윤리적 기준과 목적에 따른 윤리적 기준을 구분해야 하며, 전자는 의도와 수단에, 그리고 후자는 목적과 결과에 초점을 맞춰야 한다. 어떤 기준이 가장 좋으냐는 기술과 상황에 따라 달라진다. "자율 주행 자동차의 경우, 목적이 오류가 없는 교통 체계와 효율적이고 친환경적인 운송 수단을 만드는 것이라면 각기 다른 상황에서의 방대한 운전 관련 자료를 수집하고 인공지능을 기반으로 실험을 실시하는 행위는 정당화할 수 있다." 반면에 수집된 대량의 자료들, 즉 빅 데이터에 기반한 의학적 실험이나 처치는 목적에 따른 윤리적 기준과 부합하기 힘들다. 이미 의사를 신뢰하는 사람들에게 행해졌던 의학적 실험에 관한 끔찍한 역사가 있기 때문이다. 따라서 의도와 수단에 초점을 맞춘 의무론적 기준을 적용하는 쪽이 더 합리적이다.

　　자동화와 인공지능, 그리고 빅 데이터와 관련된 윤리적, 도덕적 갈등 등을 무시하고 넘어가기는 어렵다. "인류 역사에서 기계장치로 하여금 인간의 생명을 순식간에, 그것도 인간이 실시간으로 통제하지 않고 자동으로 결정하게 한 적은 지금까지 없었다." 도덕 기계 실험에 참여한 연구진의 결론이다. "우리는 언제든 그 길을 갈 것이다." 그 시기는 바로 2030년이 되지 않을까. "우리는 자동차가 윤리적 결단을 하도록 만들기 전에 그 자동차를 컴퓨터로 통제하는 작업을 하는 자동차 회사에, 그리고 관련 법규를 만드는 정치가들에게 우리의 선택과 선호를 알리기 위해 전 세계적인 합의를 도출할 필요가 있다." 문제는 자동화와 관련된 윤리와 도덕이 컴퓨터 제어장치 안에서 자동적으로 작동하도록 만들 수는 없다는 점이다.

활동 1 | 윗글에 대한 개요를 작성해 보자.

참주제	
주제문	
개요	

활동 2 | 기술 발달로 야기되는 윤리적 문제를 해결하기 위한 방안을 제시해 보자.

종합 활동

※ 〈보기〉를 참고하여 아래 활동을 해 보자.

보기

연구팀은 이어 참가자들에게 아직 출시되지 않은 일본 자동차 4가지 모델과 관련 자료를 보여주고 성능이 뛰어난 차를 추측하도록 했습니다.
한 그룹에는 종이로 인쇄해 자동차를 보여주고, 다른 그룹에는 컴퓨터 화면으로 보여줬습니다.

그 결과, 종이 인쇄물로 차량 사진을 본 응답자들은 평균 66% 정답률을 기록했지만, 컴퓨터 화면을 통해 본 응답자들은 43%에 그쳤습니다.

즉, 추상적 사고력이나 직관적인 상황판단 능력을 키우는 데는 종이 인쇄물이 훨씬 효과적이란 것이 입증된 겁니다.

"온라인에서 글 읽기가 사람의 생각을 세세한 것에 집착하도록 바꿔 놓는다"는 연구 결과는 디지털 문화에 젖은 세대에게 남다른 시사점이 있습니다.
디지털 문서와 영상이 사람의 사고방식까지 직간접적으로 영향을 준다는 것이죠.

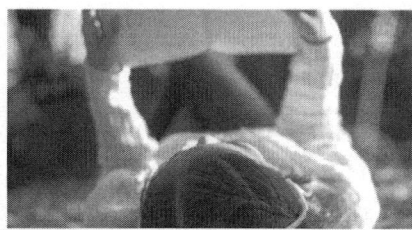

특히, 추상적 사고 능력을 높이기 위해 활용하는 전자책 등 디지털 지식 플랫폼은 무용론마저 제기될 수 있는 상황입니다.
영국 데일리메일은 이에 대해 "킨들(전자책 단말기) 사용자들이 책을 읽을수록, 자신도 모르게 더 중요한 그림을 놓치게 되는 것"이라고 지적했습니다.

하지만, 연구진들은 디지털 기기가 인간 독해 능력 자체를 퇴화시키는 것은 아니라고 설명합니다.
오히려, 각종 데이터가 넘치는 현대 상황에서 효율적으로 정보를 기억할 수 있고 특정한 정보가 필요한 상황에서 보다 빠르게 의사 결정을 내릴 수 있다는 것이죠.

사진/미국 다트머스 대학 홈페이지

코프먼 교수는 이런 문제점을 극복하기 위해 하루 중 4분의 1은 디지털 화면을 일부러 보지 않는다고 합니다.
오늘부터 컴퓨터나 스마트폰 화면은 잠시 꺼 두고, 조금 더 큰 그림을 놓치고 있지 않은지 고민하는 시간을 갖는 건 어떨까요.

제7장 과학기술과 윤리 · **249**

(1) 위의 [카드뉴스]에서 종이책과 전자책의 의의와 한계를 파악해 보자.

	의의	한계
종이책		
전자책		

(2) 새롭게 등장한 기술의 사례를 들고, 이전의 기술과 조화롭게 활용할 수 있는 방법을 서술해 보자.

■ 사례 :

■ 활용 방법 :

제8장

환경과 미래

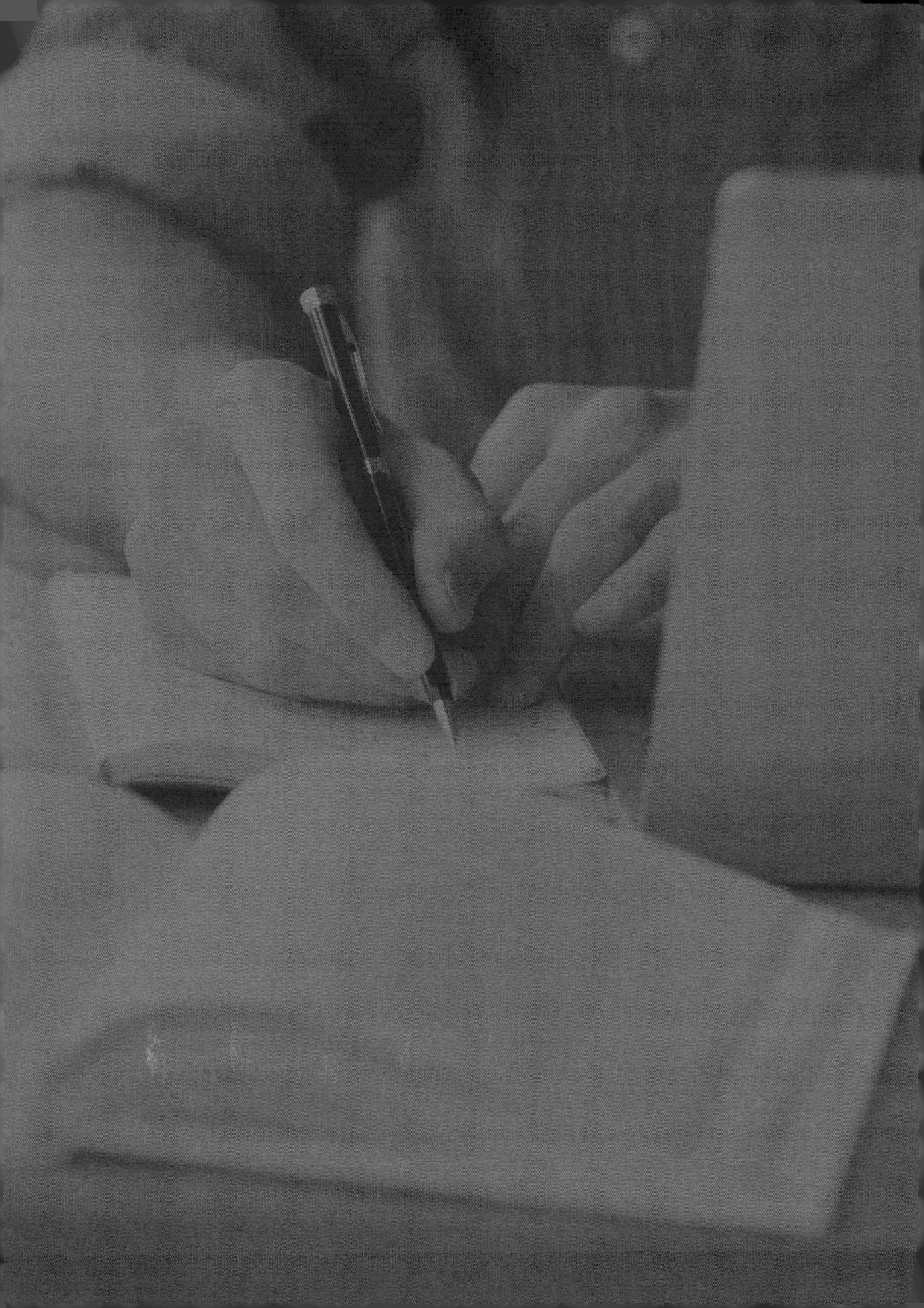

제8장 환경과 미래

인간은 본래 미래에 대한 호기심과 두려움을 갖고 있다. 그런데 앞날을 신에게 맡겨 두었던 중세의 숙명론을 벗어나 근대 이후의 인간은 미래에도 능동적 존재이기를 원한다. 따라서 미래에 대해 합리적인 추론을 하고 실현가능한 해결책을 찾고자 한다. 이를 위해 사회과학의 한 분야로서 미래학은 과거 또는 현재의 사회를 바탕으로 미래의 모습을 다각도로 연구한다. 이를 통해 문제를 예견하고 해결하고자 노력하는 것이다. 현대사회에서 미래를 시사하는 조짐을 찾는다는 의미에서 미래학은 정교한 현재학이기도 하다.

미래 예측은 실증할 수 없고 불확실할 수밖에 없다. 따라서 미래학의 의의는 인간의 능력으로 미래를 설계하고 건설하는 노력에 있다. 다윈의 말처럼 변화에 잘 적응하는 것이 최선인 것이다. 이런 관점에서 살펴볼 미래의 가장 큰 문제는 지구의 환경이다. 건강하고 쾌적한 생활을 영위할 수 있는 환경을 가질 권리는 현 세대뿐 아니라 미래의 후손에게도 보장되어야 한다. 이를 위해서는 먼저 지구를 유기체로 바라보는 시각이 필요하다. 그리고 거시적이고 전 지구적인 안목으로 대하는 자세를 가져야 한다. 무엇보다도 지구 주민으로서 공동체 의식을 함양해야 한다.

이 장에서는 지구의 환경문제를 직시하고 우리가 할 수 있는 구체적 실천 의지를 다져보고자 한다. 「지구의 물은 티스푼 반」은 지구 전체의 물을 100리터라고 할 때 우리가 쓸 수 있는 물은 조그만 티스푼 반 숟가락에 불과하다고 지적한다. 이보다 더 큰 문제는 선진국 사람들이 한 번 내리는 변기물의 양이 개발도상국의 한 사람이 하루 쓸 양에 해당한다는 불균형에 있다. 「깨끗한 에너지, 새로운 에너지에 대한 깊은 고민」에서는 고갈되는 화석 에너지의 대체 에너지로서 싸고 깨끗하다고 했던 원자력 에너지의 실상을 보여준다. 그 대안으로 지속 가능 에너지를 소개하며 이제 공유지의 비극이 아니라 공유자원을 지킬 수 있는 힘을 인류가 발휘해야 한다고 말한다. 「슬로 소비의 미학」은 미래의 환경 문제에 대해 우리가 할 수 있는 구체적 해결책을 제시한다. 자원을 오래 쓰기 위해 생산자 측은 내구성과 다기능, 맞춤화의 노력을 할 수 있다. 그리고 소비자인 개인은 슬로 소비라는 첫걸음을 내딛을 수 있다. 슬로 소비의 장으로서 중고시장은 다각적인 발전이 기대된다고 한다. 이 장은 합리적 유추로 제기된 환경문제를 심각히 받아들이고 지금 여기에서 우리가 할 수 있는 실천 의지를 다질 기회가 될 것이다.

지구의 물은 티스푼 반

박경화

　지구는 3분의 2가 물로 덮여 있지만 인간이 쓸 수 있는 양은 그리 많지 않다. 지구가 머금고 있는 물의 양은 약 13억 8천만㎦이다. 이것을 100%로 잡았을 때 바닷물은 97.41%이고 민물은 2.59%이다. 이 중 1.984%는 빙하나 빙산으로 얼어 있는 상태이고, 0.592%는 땅 속에 있는 지하수이다. 이것들을 제외하면 사람이 쓸 수 있는 물은 0.014%인데, 이 중 호수에 담긴 물은 0.007%, 토양이 머금고 있는 물이 0.005%, 증발되어 대기 중에 떠 있는 물이 0.001%, 하천수가 0.0001%, 생물군에 0.0001%의 물이 있다.

　지구 전체의 물을 100리터라고 했을 때 우리가 쓸 수 있는 물은 조그만 티스푼 반 숟가락 정도에 지나지 않는 것이다. 이 물을 지구상에 살고 있는 65억 명이 나눠 쓰고, 산업용, 농업용, 가정용 등 여러 쓰임새 별로 다시 나누면 한 사람이 쓸 수 있는 양은 더욱 적어진다. 사람이 쓸 수 있는 물의 양이 이렇게 부족하다는 사실보다 더 큰 문제는 강물과 냇물, 약수터, 땅 위를 흐르는 물이 너무 탁해졌다는 것이다.

　우리가 살고 있는 도시는 물을 지나치게 많이 소비하는 삶의 방식을 택하고 있다. 도시의 기본구조를 이루고 있는 철강을 생산하는 중화학공업은 물을 많이 필요로 하고 폐수도 많이 만들어낸다. 도시생활 역시 상수도와 수세식 양변기, 개인 목욕시설 등 물을 편하고 손쉽게 소비하는 삶으로 이루어져 있다.

　중국은 늘어나는 물 소비량을 충족하기 위해 황허의 물을 끌어 쓰는 방법을 택했다. 그런데 1972년, 장구한 중국 역사상 처음으로 황허가 말라버렸다. 그 뒤에도 일 년에 몇 번씩 강이 말라버리는 일이 일어났고 점점 그 횟수가 잦아졌다.

강을 하수도 대용으로 사용하고 있는 유럽은 물 오염이 큰 고민이다. 영국의 한 보고서는 해수욕을 할 수 있는 영국의 해변 472군데 중 오염되지 않은 곳은 45군데뿐이라고 밝혔다. 2004년 인도 뭄바이에서 열린 세계사회포럼에 '당신의 오줌이 세계 11억 명이 날마다 마시는 물보다 깨끗하다'는 포스터가 내걸렸다. 실제로 물이 부족한 개발도상국가 국민 한 사람이 하루 종일 씻고 마시고 청소하고 요리하는 데 드는 물의 양은, 선진국 사람들이 변기를 사용하고 한번 내리는 물의 양과 비슷한 13리터이다.

유엔인간정주계획[UN-Habitat]이 펴낸 보고서「세계 도시의 물과 위생」은 아프리카 도시거주민의 50%인 1억 5천만 명이 맑은 물을 공급받지 못하고 있으며, 60%인 1억 8천만 명은 수도와 욕실, 화장실 등의 위생시설을 이용하지 못하고 있다고 밝혔다.

케냐의 수도 나이로비 하루마 슬럼 마히라에는 10가구마다 1개꼴로 화장실을 갖추고 있으며, 332가구 1,500명이 사는 지역에 욕실 딸린 화장실은 단 2개가 있을 뿐이다. 아시아에서는 7억 명이 맑은 물을 얻지 못하고 있으며, 8억 명은 지저분한 위생시설 때문에 고통 받고 있다. 남미와 카리브해 지역 역시 도시 거주민의 30~40%가 물이 부족해서 고생을 하고 있다. 아프리카에서는 그날 쓸 물을 길어오기 위해 여성들이 날마다 평균 10km 이상을 4시간 넘게 걸어서 왕복해야 한다.

전쟁터에서 총을 맞아 죽는 사람보다 오염된 물을 마시고 죽는 사람이 더 많고, 오염된 물보다 오염된 공기 때문에 죽는 사람이 더 많다. 지구촌 사람 5명 중 1명은 깨끗한 물을 먹지 못하고, 5명 중 2명은 위생설비의 혜택을 받지 못하고, 9.11 테러 때 사망한 사람 3,000여 명보다 5배나 많은 사람들이 해마다 수인성 질병으로 사망한다.

사람들이 모여 사는 마을을 뜻하는 한자인 '동(洞)'자를 풀어보면 '물[水]이 같다[同]', 혹은 '같은 물을 마신다'는 뜻을 품고 있다. 동양에서는 물이 마을을 이루는 근원이라고 생각했다. 그런데 인류 문명이 발생한 유명한 강과, 같은 물을 마시며 사는 사람들은 지금 물꼬싸움이 한창이다. 이집트와 수단에 걸쳐서 흐르고 있는 나일강과 요단강, 티그리스강, 유프라테스강, 메콩강 등이 그렇다. 남의 나라 이야기를 할 게 아니다. 우리나라의 낙동강 역시 물꼬싸움의 중심에 서 있다. 대구에서 공단계획이 발표되면 부산과 경남지역 사람들의 귀가 쫑긋해진다.

해마다 여름철이면 어김없이 반갑지 않은 손님인 장마와 태풍이 느닷없이 찾아와서 큰 피해를 끼친다. 하늘에 구멍이라도 뚫린 듯 비가 쏟아지고 세상을 다 휩쓸어버릴 듯 바람이 몰아친다. 그래도 한반도는 여전히 물이 부족하다. 물을 잘 다스리지 못하는 물의 행성, 지구는 늘 갈증에 시달리고 있다.

활동 1 〈보기〉의 물 아껴 쓰는 법에서 자신이 평소 실천하고 있는 활동을 선택해 보자.

보기

	실천 내용	실천 여부
1	양치질 할 때는 물을 컵에 받아서 입을 헹군다.	
2	머리 감을 때는 물을 받아서 하고, 목욕할 때는 샤워기를 사용한다.	
3	면도나 샤워할 때, 비누칠하는 동안은 수도꼭지를 잠근다.	
4	양변기 물통에 페트병이나 벽돌을 넣어 물을 절약한다.	
5	설거지는 그릇을 모아 한꺼번에 물을 받아서 한다.	
6	쌀뜨물을 받아두었다가 기름기 있는 그릇을 닦는다.	
7	양변기에 절수형 레버를 단다.	
8	샤워기에 절수형 샤워헤드를 단다.	
9	세탁은 빨랫감을 모아서 하고, 비누는 표준량을 넣는다.	
10	세탁기의 마지막 헹군 물로 바닥청소를 한다.	
11	수도꼭지와 수도계량기를 정기적으로 점검해서 누수를 방지한다.	
12	샤워용품보다 천연비누를 구해서 사용한다.	
13	세차는 호스를 사용하지 말고 물통에 물을 담아 걸레로 닦는다.	
14	복도나 마당을 청소할 때는 한 번 쓴 허드렛물을 뿌린다.	
15	화단이나 정원에는 빗물을 모아서 뿌린다.	

활동 2 | 위의 활동을 바탕으로 다음 표를 채워 보자.

실천 내용	
실천 효과	
실천의 문제점	
개선 방안	

깨끗한 에너지, 새로운 에너지에 대한 깊은 고민

주수원

산업화와 성장이라는 명분을 앞세운 지나친 화석연료의 사용으로 인해 야기된 온갖 부작용에 뼈저리게 공감하며, 세계 여러 나라들은 화석연료를 대체할 에너지의 개발에 몰두해 왔습니다. 지구 온난화를 일으킨 주범으로 대기 중에 다량의 이산화탄소를 뿜어내는 탄소 에너지, 즉 화석연료의 사용이 주요 원흉으로 지목되었으니까요. 우리나라는 한동안 원자력발전에 의한 에너지 생산 비율을 높여 왔죠. 화석연료로 생산한 에너지에 비해 경제적이고 깨끗하다는 이유였습니다.

원자력발전은 대안이 될 수 있을까?

우리가 탄소문명에서 벗어나기 위해 선택해야 할 대안은 과연 원자력일까요? 섣불리 단정할 순 없지만, 원자력은 대안이 될 수 없다는 의견입니다. 왜냐하면 원자력발전은 여러 가지 측면에서 상당한 위험 부담을 감수해야 하니까요. 때로는 돌이킬 수 없는 치명적인 위험을 초래하기도 합니다.

조금 다른 이야기를 해볼까요? 2016년 9월 우리나라의 경상북도 경주시에서 규모 5.8의 지진이 발생했습니다. 1978년에 처음 지진 관측을 실시한 이래로 우리나라에서 발생한 역대 최대 규모의 지진이었죠. 비록 인명 피해는 그리 크지 않은 편이었지만 재산 피해는 만만치 않았습니다. 특히 경주는 여러분도 알다시피 고대 신라의 유적지가 보존되어 있는 지역이기도 한데, 수천 년을 지켜 온 소중한 문화재들이 훼손되기도 했습니다. 그런데 불과 1년 남짓 지난 2017년 우리나라의 경상북도 포항에서 또다시 규모 5.4의 지진이 발생했습니다. 경주 지진에 비해 진도는 약했지만, 피해 규모는 오히려 더 컸습니다.

사실 우리나라는 비교적 지진에서 안전하다고 믿어 왔기 때문에 사람들은 연이은 지진에 더욱 당황할 수밖에 없었습니다. 무엇보다 사람들은 혹시 지진으로 인한 원자력발전소의 방사능 유출피해가 없는지 두려움에 떨어야 했죠. 과거 2011년 동일본대지진으로 인해 후쿠시마(福島) 원자력발전소가 중단됨으로써 일부 원자로가 파손되었습니다. 이로 인해서 막대한 방사능이 유출된 것을 뉴스를 통해 접했기 때문이죠. 그리고 이때 유출된 방사능으로 인한 피해는 사실 지금까지도 계속 이어지고 있으니까요.

원자력발전의 보이지 않는 비용

다시 우리나라 원자력발전소 이야기로 돌아와 볼까요? 우리나라 최초의 원자력발전소인 고리원전 1호기는 2017년 6월 18일 자정에 가동을 중단했습니다. 운영을 시작한 지 40년 만이었죠. 사실 우리나라는 대표적인 원자력발전 국가입니다. 세계원자력협회(WNA)에 따르면 2017년 3월 기준 한국은 고리원전의 1호기까지 포함해서 25기의 원전을 보유하고 있었습니다. 미국(99), 프랑스(58), 일본(42), 중국(36), 러시아(35)에 이어 6번째로 원전이 많은 국가였던 거죠.

그동안 원자력은 깨끗하고 값싼 에너지로 줄곧 홍보되어 왔습니다. 하지만 최근 들어서는 관리의 위험성과 환경 위험으로 인해서 실제 비용은 오히려 다른 발전원에 비해 훨씬 더 높다는 연구결과도 나오고 있습니다.

현대경제연구원은 2012년 「원전의 드러나지 않는 비용」이란 보고서에서 미국 스리마일 섬(1979년), 옛 소련 체르노빌(1986년), 일본 후쿠시마(2011년) 원전 사고의 피해 규모가 한 기당 약 58조원에 이른다고 분석했죠. 또한 사용 후 핵연료의 처분 비용과 폐로 비용 등도 원전의 드러나지 않은 비용에 속합니다. 2017년 독일 정부는 4개 원자력발전 업체가 총 235억 유로(약 30조 7천억 원)를 국가 핵폐기물 처리 기금에 납부하는 조건으로 폐기물 저장 의무와 관련 비용을 면제해 주는 계약을 이들 업체와 체결했습니다. 얼핏 보면 큰 금액처럼 보이지만, 사실 업계에서는 이보다 최소 3배 이상이 소요될 것으로 예측했었기에 에너지 기업들이 큰 이득을 본 계약이라는 말이 나올 정도였죠.[1]

재생가능에너지에서 발견한 희망 그리고 앞으로의 과제

석유, 석탄과 같은 탄소에너지도 원자력도 답이 아니라면 앞으로 인류는 어떤 방식으로 산업 발전에 필요한 에너지를 생산해야 할까요? 우리 인류가 산업화 이전 시대로 다시 회귀해야 할까요? 그것은 현실적으로 불가능합니다. 이미 우리는 4차 산업혁명 시대에 접어들었고, 정보통신기술(ICT)의 융합으로 이뤄지는 4차 산업혁명 시대에도 에너지는 여전히 중요합니다.

이에 인류는 재생가능에너지[Renewable energy]를 찾기 위해서 노력하고 있습니다. 재생가능에너지란 기존의 화석연료와 같이 환경에 부담을 주고 고갈되는 에너지가 아니라 시간이 지남에 따라 자연적으로 보충되는 지속가능한 자원으로부터 수집된 에너지를 말합니다. 이러한 재생가능에너지로는 햇빛·바람·물·지열·생물유기체 등이 있죠. 독일의 인구 약 10만 명의 라인-훈스 뤼크 지구에서는 공식적으로 지역 내 필요한 전력의 100퍼센트 이상을 이 재생가

---
1 「탈원전 시대, 공동체 에너지 활성화가 답이다」, 《한겨레》, 2017. 7. 13. 기사 참조.

능에너지를 통해 얻고 있습니다. 또 스코틀랜드, 남호주, 포르투갈, 덴마크 등에서는 하루 특정 시점 혹은 며칠 동안 100퍼센트 재생가능에너지만으로 국가 전체의 전력을 공급하고 있고요.[2]

국제에너지기구(IEA, International Energy Agency)는 2015년 재생가능에너지가 석탄을 제치고 세계에서 가장 많은 발전 설비가 되었으며, 향후 5년간 매 시간마다 2.5개의 풍력발전기와 3만 개의 태양광전지가 설치될 것으로 예상했습니다. 2021년이면, 전 세계 60퍼센트의 발전 설비를 재생가능에너지가 차지할 거라고 예측하기도 했죠. 우리나라에서도 재생가능에너지 발전 비중을 2040년까지 30~35퍼센트로 확대하는 계획[3]을 세우기도 했습니다.

하지만 일각에서는 재생가능에너지에 관한 우려의 목소리를 내기도 합니다. 가장 큰 문제점은 역시 비용입니다. 반대하는 사람들은 개발 초기의 투자비용이 막대하고, 투자비용 대비 경제성 또한 낮다는 주장을 앞세웁니다. 하지만 전 세계적으로 재생가능에너지 사용이 늘어나면서 2020년을 기준으로 태양광과 풍력발전의 설치단가가 석탄이나 가스발전보다 저렴해질 것이라고 합니다. 특히 영국에서는 원전보다 값싼 해상풍력발전단지도 등장했죠. 이는 참으로 반가운 소식이 아닐 수 없습니다.

우리는 이미 지구의 희생을 담보로 무분별한 에너지 개발을 해왔습니다. 이제는 우리 인류가 지구의 희생에 대한 대가를 치를 때입니다. 따라서 처음에는 다소 난관이 있을지라도 깨끗한 에너지 개발을 위한 노력은 앞으로 계속 이어져야 할 것입니다.

생물학자인 개릿 하딘은 '공유지의 비극'에 관해 언급했습니다. "공유자원은 어떤 공동의 강제적 규칙이 없다면 많은 이들의 무임승차 때문에 결국 파괴된다."는 주장입니다. 그런데 이에 대한 해법을 제시한 사람이 있습니다. 바로 2009년 노벨경제학상 수상자인 엘리너 오스트롬으로, 노벨 경제학상 40년 역사

---

2 그린피스, 「지금은 재생가능에너지 시대(국가/지자체편)」, 2017. 9. 14.
3 산업통상자원부, 「제3차 에너지 기본계획」, 2019.

상 최초의 여성 수상자이기도 합니다. 그동안 공유자원은 무임승차성이 강하기에 완전히 개인의 소유가 되거나 정부에 의해서 강제적으로 규제되어야 한다는 견해가 강했죠. 하지만 오스트롬은 세계 각국의 사례들을 조사하다가 공동체에 의해서 자치적으로 관리되는 경우를 발견하게 되었습니다. "① 유사한 상황에 처해 있는 대부분의 사람들이 동일한 이행 약속을 하고, ② 이러한 전략적 선택에 따르는 장기적인 기대 순이익이 단기적인 지배적 전략에 따랐을 경우에 기대되는 순이익보다 클 때 이 규칙에 따른다."[4]고 보았죠. 쉽게 말해 공동체가 자발적으로 힘을 모아 공유자원을 지켜낼 수 있다고 생각한 것입니다.

함께 고민하는 우리나라의 에너지공동체 현황

우리나라에도 공동체가 힘을 모아서 함께 문제를 현명하게 풀어 가는 사례가 있습니다. 대표적으로 에너지자립마을과 햇빛발전협동조합을 꼽아 볼 수 있죠. 지금부터 소개하는 두 사례를 통해 공동체가 머리를 맞대고 함께 문제를 해결하는 것이 얼마나 의미 있는 결과를 가져오는지 확인할 수 있을 것입니다.

에너지자립마을

서울시에는 에너지자립마을[5]을 '마을단위 에너지 절약과 효율 향상, 신재생에너지 생산으로 외부에너지 수요를 최소화하여 마을공동체 에너지 자립도를 높인 마을'로 정의하고 있습니다. 1단계 최대한 아끼는 '절약실천 활동', 2단계 새는 열과 에너지를 최소화하는 '에너지이용 효율화', 3단계 '재생가능에너지 생산'의 3단계로 나누어 진행되고요.

전기 사용량 절감률을 보면 에너지자립마을의 효과가 확연히 드러납니다.

---

4 엘리너 오스트롬, 『공유의 비극을 넘어』(윤홍근·안도경 옮김), 랜덤하우스, 2010, 333쪽.
5 이유진, 「전환도시 서울과 에너지 자립마을 만들기」, 『세계와 도시』 8호, 서울연구원, 2015.

2013년 전년 대비 가정용 전기 사용량 절감률을 보면 서울시 전체가 0.6퍼센트인 반면, 에너지자립마을은 평균 4.2퍼센트를 기록하며 전기 사용량 부문에서 유의미한 절감 효과가 있는 것으로 나타났으니까요.

동작구의 성대골 마을[6]도 에너지자립마을의 모범 사례로 꼽힙니다. 계기는 2011년도 일본 후쿠시마의 원전 사고였죠. 주민들은 이러한 불행한 사고는 결국 대도시에서 에너지를 과도하게 사용하는 책임이 크다고 보면서 함께 머리를 맞대고 도시에서 행동할 수 있는 게 무엇일까 하는 고민을 시작했습니다. 관심 있는 주민들이 모여 에너지 문제에 대해 함께 공부하고 공동체 차원의 캠페인이나 여러 방안들을 제시하면서 함께 활동을 해나갔죠.

2012년 서울시 에너지자립마을로 선정된 이후 에너지 절약문화 확산을 위한 절전소 운동, 에너지 진단, 착한 가게 캠페인, 에너지학교 등을 추진하며 현재까지 다양한 활동을 벌이고 있습니다.

햇빛발전협동조합

협동조합은 공동의 필요를 느끼는 이들이 함께 소유하고 민주적으로 운영하는 공동체 기업 모델입니다. UN에서 2012년을 협동조합의 해로 정할 만큼 전 세계적으로 주목받는 대안기업 모델이기도 하죠. 여러분에게 익숙한 축구팀 FC 바르셀로나, 오렌지주스로 유명한 썬키스트, 서울우유 등도 모두 협동조합이랍니다.

재생가능에너지 생산을 위해 시민들이 함께 힘을 모아 만든 협동조합이 바로 햇빛발전협동조합[7]입니다. 한국에너지공단에 따르면 2013년엔 이러한 햇빛발전협동조합 6곳이 219킬로와트의 발전소를 건설했습니다. 그리고 2018년에는 햇빛발전협동조합 68곳이 8,713킬로와트의 신규 태양광 발전소를 지었죠.

---

6 김소영, 「에너지슈퍼마켓, LED 전구가 가장 인기」, 《cpbc뉴스》, 2019. 5. 23.과 「'성대골마을' 에너지자립마을의 지속가능성을 열다」, 《머니투데이》, 2018. 10. 8. 기사 참조.
7 「환경도 살리고 수익도 짭짤… 태양광 발전 협동조합 뜬다」, 《한국일보》, 2019. 6. 19. 기사 참조.

2019년 5월 기준으로 우리나라에는 총 91곳의 햇빛발전협동조합이 있습니다. 체육관, 도서관, 정수장 등 정부나 지방자치단체 소유의 건물 옥상과 같은 유휴부지에 태양광 패널을 설치해서 깨끗한 에너지를 생산하고 있죠. 좋은 취지에 공감하며 함께 참여하는 이들에게는 경제적 혜택도 주고 있습니다.

안산의 안산시민햇빛발전협동조합은 태양광발전소 18기를 운영하고 있는데, 시민들은 함께 주인이 되고자 자발적으로 출자금을 내고 조합원으로 참여하고 있죠. 조합원으로 참여한 어느 시민은 2018년에 무려 5퍼센트의 배당금 수익을 돌려받았다며 이렇게 이야기했습니다. "웬만한 금융상품에 가입하는 것보다 수익률이 좋고, 무엇보다 공동체를 위한 가치 있는 일에 돈이 쓰이는 것 같아 만족도가 높습니다!"

여러분이 다니고 있는 학교에 햇빛발전협동조합이 있는 경우도 있습니다. 국사봉중학교, 삼각산고등학교 등에는 학생들이 조합원으로 직접 참여한 햇빛발전협동조합이 있답니다. 깨끗한 에너지 생산을 위한 협동조합은 생각보다 우리 가까이에 있습니다.

활동 1 | 윗글을 바탕으로 다음 표를 채워 보자.

	탄소에너지	원자력에너지	재생가능에너지
장점			
단점			

활동 2 | 에너지 생산의 방식에서 원자력에너지와 재생가능에너지 중 하나를 택하고 그 이유를 제시해 보자.

선택한 에너지	
이유	

슬로 소비의 미학

쥴리엣 B. 쇼어

　패스트 패션 모델이 대두되면서 상품의 디자인과 생산 비용이 보다 저렴해졌지만, 이는 한편으로 상품의 내구성이 떨어지고 수리하기도 어려워졌다는 뜻이기도 하다. 따라서 지속가능한 소비를 위해서는 첫 번째로 제품의 수명을 늘려야 한다. 경기 불황과 함께 일어난 구두 수선과 양재 붐도 같은 맥락에서 볼 수 있으나, 수리할 만한 가치가 있으려면 옷과 신발이 최소 이상의 품질을 보유하고 있어야 한다. 페이레스(Payless)와 같은 염가 신발 매장에서 20달러에 파는 신발이나 메이시스(Macy's)와 같은 백화점에서조차 35달러 정도의 저렴한 가격에 파는 신발이라면 구두 수선공에게 수선을 맡기는 의미가 없다.[1] 지속가능성을 추구하려면 '초기에 보다 많은 투자를 해야 하는 경우'가 많다. 그러나 장기적인 관점에서 보면 초기 투자비용이 높다고 해서 반드시 더 비싸다고는 할 수 없다. 일부 신발 브랜드는 상당히 높은 원래 가격의 극히 일부분에 해당하는 비용으로 제품을 개조하여 수명을 2~3배 늘림으로써 실질 원가를 그만큼 절감하기도 한다.

　이러한 내구성의 법칙은 신발과 옷뿐만 아니라 훨씬 넓은 분야까지 확대된다. 유럽을 비롯한 여러 지역에서는 소비자 전자제품, 사무용품, 자동차 분야에서 제조업체의 의무를 법률로 지정하여 제품의 수명을 늘리는 정책이 활발히 추진되고 있다. 일단 판매한 제품을 제조업체가 다시 회수하도록 함으로써 보다 내구성 있는 제품을 만들도록 장려하는 법적장치를 마련한 셈이다. 일부 컴퓨터 제조업체들이 이미 실시하고 있는 바와 마찬가지로 기업들은 회수한 제품을 손질하여 다시 판매할 수 있으며, 일부 기업은 제품을 판매하는 대신 대여 서비스를

1　미국의 구두 수선비는 매우 비싸서 간단한 굽 교환에도 약 10달러 이상의 비용이 든다.(번역자 주)

제공하기도 한다. 미국의 바닥재 업체인 인터페이스는 오래된 양탄자를 회수한 뒤 재활용하여 새로운 제품을 만든다.

지속가능한 소비의 두 번째 원칙은 '다기능'이다 구입한 제품을 여러 가지 용도로 사용할 수 있다면 가지고 있는 제품의 가짓수가 많지 않아도 편리한 생활을 할 수 있다. 두 겹으로 접어서 치마로 사용할 수 있는 숄이나 인도의 사리처럼 몸이 불어나거나 살이 빠졌을 때에도 아무 문제없이 착용할 수 있는 의류가 다기능 제품의 전형적인 예다. 전자제품도 점차 다기능을 추구하고 있다. 또 하나의 사례는 자동차의 좌석 배치를 변경 가능하게 만드는 것이다. 혁신적인 다목적 제품을 개발하려면 보다 복잡한 설계가 필요하므로 초기 비용이 증가할 수 있지만, 장기적으로 보면 투입된 자원 또는 비용 단위당 더 많은 기능을 제공하게 된다. 이와는 반대로 주방기기나 특수 의류처럼 용도가 한정된 품목은 사용 빈도가 낮으므로 유효 수명주기의 영향을 크게 받을 수밖에 없다.

세 번째 원칙은 '맞춤화'이며, 이를 통해 풍요로운 소비 생활을 지탱하는 소매 환경을 생각해보자. 풍요로운 소매 환경은 저렴한 가격과 최소한의 서비스만을 제공하며 어마어마한 매출을 자랑하는 대형 매장과는 정반대의 특징을 가지고 있다. 소비자가 소량의 값비싼 품목에 투자하고자 하는 경우, 취향에 꼭 맞고 오랫동안 사용할 수 있는 제품을 찾기 마련이다. 따라서 소매 업체도 소비자가 원하는 제품을 제공하기 위해 제품 제작자와 소비자 사이의 소통을 바탕으로 한 맞춤 서비스를 제공해야 하며, 구매 후의 유지 관리 서비스도 병행해야 한다.

이런 서비스를 제공하는 데에는 대형 매장보다 소규모의 지역 상점이 유리하다. 그 이유 중 하나는 가격을 더 비싸게 매길 수 있기 때문이다.(물론 대기업도 높은 가격 책정이 불가능하지는 않다.) 맞춤이라는 말이 문자 그대로 몸에 꼭 맞추는 것을 의미하는 의류의 경우를 생각하면 쉽게 이해가 된다. 만약 거금을 들여서 코트나 드레스, 가방을 구입하려 한다면 본인의 마음에 들고 꼭 필요한 제품이어야 할 것이다. 따라서 쇼핑의 초기에는 여러 디자이너와 스타일을 살펴본다. 일단 마음에 드는 스타일을 찾으면 제작자와 협력하여 초기 디자인을 정한다. 제품이 완성되면 직접 몸에 걸쳐 잘 맞는지 확인해보고, 최종 제품이 손에 들어온 후에도 오랜 기간에 걸쳐 여러 차례 만든 사람을 찾아가 수선을 하거나 개조를 부탁할 수 있다. 이러한 사후 서비스는 구매 시 지불한 초기 비용에 따라 무료 혹은 약간의 수수료를 내고 제공받을 수 있다. 이는 소비자가 적극적으로 참여하는 소매 형태다.(물론 일부 품목의 경우 온라인으로도 구매할 수 있다.) 소비자가 제품에 단순히 돈뿐만 아니라 시간과 애착까지 투자하는 셈이다. 이렇게 하면 신제품을 구입하는 빈도가 낮아져도 소비의 즐거움이 줄어들지 않는다.

비슷한 사례로는 보석을 꼽을 수 있다. 보석을 구매한 소비자의 경우 유행이 변할 때마다 새로운 보석을 사기보다는 주변의 세공 전문가를 찾아가 귀금속을 녹이고 보석의 배치를 변경하여 새로운 목걸이, 반지, 팔찌를 만들 수 있다.(이미 많은 사람들이 그렇게 하고 있다.) 다시 한 번 먹을 거리와 비유해보자면 소비자가 적극적으로 참여하는 소매 형태는 인간의 창조성을 자극하고, 지역사회의 유대를 증진시키며, 미묘한 '취향'과 소비자의 욕구를 만족시킨다. 여기서 풍요로운 삶의 소비적인 측면이 자가 조달 활동과 조우하게 된다. 자신의 창의성과 적성에 맞았기 때문에 입을 옷을 직접 만들기 시작했던 사람들은 이제 디자이너가 되어 의상실을 열고 있다.

지금까지는 가격이 높은 상품만이 살아남을 수 있는 소매 형태로의 이행에 대해 설명했다. 환경에 큰 타격을 주지만 빠르게 제품을 생산할 수 있는 방법을 포기하고 맞춤 서비스를 추가하거나 내구성을 향상시키기 위해 복잡한 초기 설계를 하려면 상당한 비용이 소요된다. 저이윤 대량 생산의 반대는 고이윤 소량 생산이다. 이는 소비자가 더욱 높은 가격을 지불해야 한다는 뜻이기도 하다. 그러나 풍요로운 삶을 실천하는 사람들은 근로 시간이 적고, 그에 따라 소득도 많지 않다. 이 때 풍요로운 구매 방식을 선택하면 기존 방식으로 제품을 조달하는 경우보다 새로운 품목을 구입하는 빈도가 줄어들기 때문에 이러한 부족 현상을 일부 보완할 수 있다. 제품의 수명이 2배로 늘어나면 연간 실질 조달 비용은 반으로 줄어든다. 또한 자가 조달을 실천하는 사람들은 제품을 더욱 저렴하게 구할 수 있는 방법을 찾아내기 마련이다.

그러나 진짜로 큰돈을 들이지 않고도 물건을 조달할 수 있는 방법이 하나 있다. 바로 중고 시장을 이용하는 것이다. 신상품 구매와는 달리 상품의 재회전은 생태학적으로도, 경제학적으로도 무척 바람직하다. 생태 발자국이 점차 증가하고 있는 가장 큰 이유는 운송 수단 때문이며, 상품이 소매 매장에서 판매되는 경우 매장의 운영비도 무시할 수 없다. 물론 중고품을 재판매 하는 가격은 일반적으로 원래 가격보다 훨씬 낮다. 따라서 제품에 장식을 하거나 기존의 장식을 바꿀 수 있고, 의류를 개조하거나 분해할 수 있으며, 마음 내키는 대로 다양한 제품을 구매하거나 수집하면서도 분별 있는 환경 및 재정적 한도 내에서 생활할 수 있다.

현재 우리 앞에는 천재일우의 기회가 놓여 있다. 역사상 이토록 많은 제품을 과잉 생산할 만큼 부유하면서도 무모한 시대는 없었다. 물질성의 모순에서 한 가지 긍정적인 부분을 찾을 수 있다면 주인에게는 더 이상 쓸모가 없는 제품의 재고가 엄청나게 쌓여 있다는 점이다. 그 결과 재사용 및 재판매의 경제가 급속하게 확산되고 있다. 인터넷이 발달하면서 교환 거래의 비용이 크게 떨어졌고, 시장의 지리적인 범위도 확대되었다. 이베이(eBay)나 크레이그스 리스트(Craig's List)[2]와 같이 유명한 웹 사이트뿐만 아니라 할리 데이비슨 오토바이부터 천 기저귀에 이르기까지 다양한 품목을 재판매하는 전문 사이트도 등장했다. 또한 물물 교환, 선물의 재활용, 의류, 씨앗, 식물, 공예 재료 교환과 같이 여러 가지 형태의 2차 교환 규모도 증가했다는 것이 세간의 평가다. 2008년 2월, 가구 소매 업체인 이케아는 세계적인 불황에 때맞춰 암스테르담에서 가구 교환 이벤트를 주관했다. 수많은 사람들이 행사장을 방문하여 다양한 가구를 서로 교환했으며, 여기에는 일부 소매업체에서 기증한 몇 가지 품목도 포함되어 있었다.

2 지역별로 생활정보를 교환하는 사이트.(번역자 주)

궁극적으로 중고품 거래는 원 소유주들이 얼마나 많은 품목을 내놓는지 여부에 제한을 받을 수밖에 없다. 소매 업체의 매출 감소 추세가 지속된다면 재판매를 할 수 있는 제품의 재고 자체가 줄어들게 되고, 시장은 보다 작은 규모로 축소되어 안정세에 접어든다. 그 시장의 규모는 신상품 시장의 구매력에 따라 결정되기 때문이다.

그러나 최근 중고 시장이 큰 인기를 끌고 있음에도 불구하고, 중고 시장이 확장되는 데에는 나름대로의 문화적 장벽이 존재한다. 재판매의 경제는 복잡한 상징성이 작용하는 영역이다. 대부분의 품목은 재판매 시 가치가 떨어지지만 일부 품목의 경우 오히려 가치가 올라가는가 하면 등락을 거듭하는 품목도 있다. 누군가 소유했던 가구는 처음에 중고품 취급을 받지만 일단 골동품으로 분류되기 시작하면 엄청난 프리미엄이 붙는다. 초기 투자의 규모도 어느 정도는 영향을 미치지만 절대적인 가치를 좌우하지는 않는다. 일례로 오늘날 거래되는 1950~1960년대의 중저가 수입 가구에는 엄청난 가격표가 붙어 있으니 말이다. 또, 중고 주택을 구입하는 데 거부감을 가진 사람은 많지 않으며, 개성이 넘치고 각 시대상을 반영하는 오래된 집들은 상당히 높은 가격에 거래되기도 한다. 예술품, 보석, 시계와 같은 품목의 경우 세월과 내력이 더해질수록 가치는 더욱 올라가지만 대량 생산된 품목은 일반적으로 재판매 시 가격이 떨어진다.

골동품 가게를 제외하면 중고품 가게 및 위탁 판매점과 같은 대부분의 중고 소매 매장은 그다지 높은 평가를 받지 못하고 있는 실정이다. 그러나 유명 의류 디자이너의 재판매 매장이나 복고풍 디자인 매장이 늘어나 일반적인 중고 매장보다 부유한 고객들을 끌어들이기 시작하면서 이러한 인식도 변하고 있다.(사실 최근에는 보다 여유 있는 고객들도 일반 중고 매장을 찾는다.) 그러나 중고 시장이 최대한의 잠재력을 발휘하기 위해서는 중고 시장의 상징적인 가치를 재평가해야 한다. 신상품과 중고품 소매 매장 사이에는 아직도 판촉 관행(매장 설계, 인테리어, 상품 배치) 측면에서 너무나 큰 간극이 존재한다. 최근 고급 쇼핑몰에 유명 디자이너 위탁 판매 매장이 문을 연 것은 이런 의미에서 매우 고무적인 신호라 하겠다. 또 한 가지 반가운 소식은 젊은이와 생태계를 생각하는 소비자들 사이에서 상품을 적극적으로 재활용하는 움직임이 뚜렷이 관찰된다는 점이다.

활동 1 윗글에서 소개한 지속가능한 소비의 원칙에 대해 각각의 사례를 찾고, 그 사례들의 지속가능성을 밝혀 보자.

원칙	사례	지속가능성
내구성		
다기능		
맞춤화		

활동 2 중고 거래와 관련하여 다음 활동을 해 보자.

(1) 중고시장 명칭 : ....
....
....

(2) 좋은 점 : ....
....
....
....
....

(3) 문제점 : ....
....
....
....
....

(4) 중고시장의 현명한 이용 방법 : ....
....
....
....
....
....

종합활동

1. 지구의 환경과 미래를 위해 실천할 수 있는 방안을 모둠별로 조사해 보자.

2. 위의 활동 내용을 3분 내외의 영상으로 제작하여 모둠별로 발표해 보자.

참고문헌

제1장 나와 가족
김훈, 『자전거 여행 2』, 생각의 나무, 2004, 223~231쪽.
민찬, 『소반 이야기』, 도서출판 다운샘, 2004, 91~94쪽.
김후란, 『사철 푸른 어머니의 텃밭』(한국시인협회 편), 도서출판 황금알, 2008, 163쪽.
나희덕, 『그 말이 잎을 물들였다』, 창비, 1994, 28~29쪽.
김종해·김종철, 『어머니, 우리 어머니』, 문학수첩, 2005, 32~33쪽.
박정진, 『사철 푸른 어머니의 텃밭』(한국시인협회 편), 도서출판 황금알, 2008, 207쪽.

제2장 인생 설계
김혜남, 『어른으로 산다는 것』, 걷는 나무, 2011, 86~91쪽.
최태성, 『역사의 쓸모』, 다산초당, 2019, 204~215쪽.
이동훈, 『어떻게 경제적 자유를 얻을 것인가』, 해냄출판사, 2021, 41~48쪽.

제3장 사유와 성찰
백승종, 『문장의 시대, 시대의 문장』, 김영사, 2020, 119~123쪽.
강대석, 『왜 철학인가?』, 도서출판 중원문화, 2011, 10~18쪽.
신승환, 『철학, 인간을 답하다』, 21세기북스, 2021, 40~49쪽.
장건익, 『철학의 발견』, 사월의 책, 2013, 339~350쪽.

제4장 문화와 인간
김경서, 『똑같은 빨강은 없다』, 창비, 2019, 76~92쪽.
조윤범, 『나는 왜 감동하는가』, 문학동네, 2013, 253~262쪽.
김명환, 『모던 씨크 명랑: 근대 광고로 읽는 조선인의 꿈과 욕망』, 문학동네, 2016, 185~192쪽.
배지영, 『군산: 한국의 땅과 사람에 관한 이야기』, 21세기북스, 2020, 40~48쪽.

제5장 공동체와 소통
김수동, 『쫌 앞서가는 가족』, 궁리, 2017, 30~36쪽.
김정기, 『소통하는 인간, 호모 커뮤니쿠스』, 인북스, 2019, 26~36쪽.
이나가키 히데히로, 『이토록 아름다운 약자들』(오근영 옮김), 이마, 2015, 31~39쪽.

제6장 사회와 경제
구정은 외, 『지구의 밥상』, 글항아리, 2016, 30~46쪽.
박진도, 「생산주의 농정의 '트레드밀'」, 《한국농정》, 2021.01.31,
　　　　http://www.ikpnews.net/news/articleView.html?idxno=43186.
김대수, 『뇌 과학이 인생에 필요한 순간』, 브라이트, 2021, 181~189쪽.

제7장 과학기술과 윤리
손화철, 『2030 새로운 미래가 온다』(이용순 편), 한국직업능력개발원, 2016, 295~299쪽.
마틴 포드, 『로봇의 부상』(이창희 옮김), 세종서적, 2016, 301~308쪽.
최재붕, 『포노 사피엔스』, 쌤앤파커스, 2019, 38~50쪽.
마우로 기옌, 『2030 축의 전환』(우진하 옮김), 리더스북, 2020, 247~251쪽.

제8장 환경과 미래
박경화, 『고릴라는 핸드폰을 미워해』, 북센스, 2007, 70~74쪽.
주수원, 『폭염의 시대』, 맘에드림, 2019, 152~161쪽.
줄리엣 B. 쇼어, 『제3의 경제학』(구계원 옮김), 위즈덤하우스, 2011, 186~192쪽.

창의적 글쓰기

1판 1쇄 발행 2022년 8월 26일

지 은 이 | 최현재·김교식·박선양·정훈
펴 낸 이 | 김진수
펴 낸 곳 | 한국문화사
등   록 | 제1994-9호
주   소 | 서울시 성동구 아차산로49, 404호(성수동1가, 서울숲코오롱디지털타워3차)
전   화 | 02-464-7708
팩   스 | 02-499-0846
이 메 일 | hkm7708@daum.net
홈페이지 | http://hph.co.kr

ISBN 979-11-6919-039-8 93710

· 이 책의 내용은 저작권법에 따라 보호받고 있습니다.
· 잘못된 책은 구매처에서 바꾸어 드립니다.
· 책값은 뒤표지에 있습니다.

오류를 발견하셨다면 이메일이나 홈페이지를 통해 제보해주세요.
소중한 의견을 모아 더 좋은 책을 만들겠습니다.